병원에 간 명탐정 홈스

그윽히 동정하고 아끼는 사랑의 첫 선물로
나는 이 책을 짰습니다.

- 소파 방정환의 《사랑의 선물》에서 -

이야기를 시작하며

전공의 시절, 미국 토머스 제퍼슨 의대 교수를 역임하셨던 현봉학 선생님을 은사로 모셨습니다. '한국의 쉰들러'라 불리며 평생 사회활동과 봉사의 삶을 살았던 현봉학 선생님은, 제게 의학자의 길뿐만 아니라 문학에 대한 남다른 애정도 심어 주었습니다. 선생님께서는 잊혀졌던 윤동주 시인의 묘소를 찾아 개수 작업도 하셨고, '윤동주 문학상'도 제정하였습니다.

의사로서 할 수 있는 일은 많습니다. 대부분은 지역사회에서 환자를 돌보는 데 헌신하지만, 대학이나 연구소에서 교육과 연구를 하는 의사도 많습니다. 최근에는 의료와 연관된 사업을 하는 의사도 눈에 많이 띕니다.

의과대학 신입생들에게 무얼 전공하고 싶은지 물으면, 많은 학생들이 '정신과'라고 대답합니다. 얄궂은 선배들은 '정신 나간 소리'라며 놀리지요. 왜 많은 신입생들이 비슷한 대답을 할까요? 대학입학 전에는 의학에 대한 정보라고 해 봐야, 정신과와 연관된 인문학 지식이나 단편적인 건강상식이 전부일 수 있습니다. 생물학에서 의학으로 연결되는 지식의 활용이라든지, 의학의 역사를 토대로 한 미래에 대한 조망은 없다고 해도 과언이 아닙니다.

나는 의학에 대해 나름대로 정리하고, 재미나는 이야기를 들려주고 싶었습니다. 의사였던 코난 도일은 '명탐정 홈스' 시리즈라는 불후의 소설을 남겼습니다. 또 명탐정 홈스의 단짝 친구이자 조수 겸 의사인 왓슨 박사는 수사에 도움을 주며 충실한 기록을 남깁니다. 오늘날 이들이 어린이들과 함께한다면, 좀 더 친근하게 현재와 미래의 의학 이야기를 할 것이라 생각했습니다. 그래서 어린이들에게 추리의 즐거움뿐만 아니라, 의학에 대한 정보와 이해도 들려 줄 것이라 믿습니다.

물론 이 한 권의 책으로 의학에 대한 모든 것을 알기에는 부족한 점이 너무 많습니다. 하지만 더 많은 지식을 쌓기 위해 부단히 노력하는 실마리를 주었다면 더할 나위 없는 기쁨이겠습니다.

이 책이 나오기까지 애써 주신 김영사의 배수원, 허선영, 김순미 씨를 비롯한 여러분과 이혜진 작가님, 부모님과 런던정경대학 박사학위를 받는 동생 경은, 경희대학교 부속 동서신의학병원 한방내과 박재우 조교수, 또한 많은 격려와 충고를 아끼지 않았던 역사학자 김용만 선생님께 고마움을 전합니다.

연구와 후학을 가르치는 기회를 주신 고려대학교와 음양으로 많은 도움을 주신 고려대학교 안산병원 박영철 원장님 및 여러 교수님들께도 감사드립니다.

양수범

차례

이야기를 시작하며 • 4

정형외과 의사 니나 • 9

니나의 어린 시절 • 19

코끼리 다리 • 28

올리버의 아버지 • 40

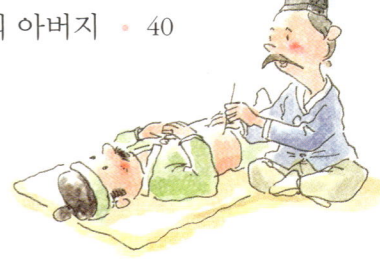

바이러스 • 52

위안 박사와 톰 • 68

수술 중 • 75

출동! • 89

범인은 바로…… • 102

명탐정 홈스 아저씨 • 110

나도 의사가 될 거야! • 118

니나가 들려주는 의학 이야기

의학은 어떻게 발전해 왔을까? • 13
병원의 역사는 얼마나 되었을까? • 16
의사들은 병을 어떻게 알아낼까? • 26
전문 진료과목이란 무엇일까? • 36
소아과에 대해서 알아볼까? • 37
유전자조작생물이란 무엇일까? • 48
동물복제는 어떻게 가능할까? • 50
바이러스와 백신에 대해 알아볼까? • 63
DNA의 이중나선 구조와 인간유전체 사업이란 무엇일까? • 65
미래의 유비쿼터스 건강 시스템에 대해 알아볼까? • 73
수술이란 무엇일까? • 85
안경은 언제 처음 생겼을까? • 87
동양의학과 서양의학의 특성은 무엇일까? • 98
재활의학이란 무엇일까? • 107
법의학이란 무엇일까? • 108
의사의 하루를 알아볼까? • 115
미래에는 의사의 역할이 어떻게 바뀔까? • 116

부록 의학에 대해 더 알고 싶은 것 • 121
　　　 의학 용어 알아보기 • 139

정형외과 의사 니나

단말기에 손을 대자, 지문을 인식한 컴퓨터가 작동했다. 모니터를 확인하니 새로 응급실에 온 환자는 한 명뿐이었다.

나는 안경을 고쳐 쓰며 간호사에게 물었다.

"비가 와서 한가한 편인가요?"

"꼭 그렇지만도 않아요. 오늘 당직이신가 봐요?"

나는 머리가 희끗희끗한 간호사에게 웃으며 대답했다.

"아, 예."

그러자 간호사는 호기심 어린 표정으로 말했다.

"봄 연주회 때 보니까, 첼로를 아주 잘 켜시던데요."

지난번 병원에서 열린 자선음악회를 말하는 모양이었다.

"저도 합창단원으로 참여했는데, 바쁘실 텐데도 열심이시더군요."

"어릴 적 꿈이 첼로 연주자였거든요."

"와, 첼로 연주자를 꿈꾸던 소녀가 의사가 됐군요!"

나는 미소를 지으며, 환자 이름을 선택하여 모니터에 방사선 사진을 띄웠다. 주의를 집중해서 미묘한 음영의 차이를 읽었다.

"이 환자 자리, 구석의 한적한 곳인가요?"

돋보기안경을 내려 모니터를 쳐다본 간호사가 고개를 끄덕였다.

"수고하세요!"

나는 모니터의 창을 닫고, 인사를 한 다음 환자가 있는 곳으로 향했다. 평소보다 한산한 편이었지만, 응급실은 마치 시장 같았다. 어린 환자의 울음소리, 교실인 양 뛰어다니는 아이들, 그리고 서성거리는 보호자…….

누군가 외쳤다.

"잠깐만요!"

순간 나는 지나가는 침대차와 부딪칠 뻔했다. 응급실에서 허드렛일을 도와주는 보조원이 얼른 사과하며 지나쳤다.

'총기사고? 아니면 교통사고!'

침대차에 깐 흰 천이 붉게 물들어 있는 걸로 보아, 수혈이 필요할 것 같았다. 응급실에 딸린 작은 수술실로 응급의학과 전문의도 급히 따라 들어가는 것이 보였다.

'의사는 극한 상황에서도 현명한 판단을 내릴 수 있어야 한단다. 이건 훌륭한 인격에서 우러나오는, 의사에게 꼭 필요한 자질 중 하나지.'

문득 나의 영원한 스승이신 왓슨 박사님 말씀이 생각났다.

환자는 아홉 살 먹은 남자 어린이였다.

"안녕? 나는 정형외과 전공의 니나 왓슨이야. 다들 니나라고 부르지. 어디 보자…… 이름이…….”

"올리버예요."

아이의 또랑또랑한 목소리가 불현듯 어린 시절 친구의 모습을 떠올리게 했다.

"올리버? 내 어릴 적 친구 이름도 올리버였는데, 그 친구도 다리를 다쳐 병원에 왔었지. 너처럼."

"그 올리버와 친했나요?"

"그럼! 어쩌면 그 친구와의 우정으로 이렇게 의사가 됐는지도 몰라."

"정말요? 어떻게요? 올리버와 어떻게 지냈는데요? 말씀해 주세요!"

처음 보는 아이였지만, 어릴 적 나처럼 질문이 꼬리에 꼬리를 물었다. 천진난만한 얼굴에 호기심 어린 눈동자가 나로 하여금 절로 웃음을 머금게 했다.

"어떻게 된 거냐면 말이지……."

나는 그때를 떠올리며, 어린 올리버와 옛날 사건으로 돌아갔다.

니나가 들려주는 의학 이야기

➕ 의학은 어떻게 발전해 왔을까?

옛날에는 귀신이나 화난 신 때문에 병에 걸린다고 생각했어. 그래서 제사장이나 무당이 아픈 사람을 상대했지. 과학과 의학 지식이 발달하기 전이라, 신령한 기운을 빌어 병을 치료하려고 한 거야.

지금으로부터 2,500년 전 고대 그리스 사회도 예외는 아니었어. 히포크라테스라는 의사가 나타나기 전까지는 말이야.

히포크라테스는 관찰과 기록을 토대로 합리적으로 병을 진단하고 치료했던 의사란다. 그는 사람의 몸을 우주의 축소판으로 보았고, 병이 자연스럽게 나을 수 있도록 위생을 강조했지. 무엇보다도 그는 환자를 차별하지 않았어. 지위가 높은 사람이든 아니든, 또 돈이 있든 없든 성의를 다해 치료해 주었지. 이러한 정신은 '히포크라테스 선서'에 담겨 오늘날까지 이어지고 있고, 히포크라테스는 의학의 아버지로 존경받고 있단다.

그리스와 로마의 문명도 대단하지만 이슬람 문명도 결코 뒤지지 않아. 그들은 일찌감치 도서관이나 상하수도, 종합병원 등을 갖출 정도로 의학이 발달했었어. 또한 연금술의 발달은 화학과 약학 발달에 큰 도움이 되었고, 이슬람 의학도들은 의학의 보조 학문으로써 화학과 약학을 익혔단다.

반면 중세 유럽에서는 신의 영역이라 할 수 있는 수도원에서 환자들을 치료했어. 당시 이슬람의 앞선 의학을 수입한 곳도 수도원이었지. 십자군전쟁과 유럽 인구 3분의 1에 이르는 사람들의 목숨을 앗아간 흑사병으로 중세가 내리막길을 걷고, 15세기에 르네상스(이 시기를 문예부흥기라고 한단다.)가 시작되면서 의학은 대학에서 체계적으로 가르치는 학문이 돼. 금기로 여기던 인체에 대한 해부가 이 시기부터 이루어졌고, 수도사와는 달리 치료의 대가를 요구하는 의사라는 직업도 다시 나타났어.

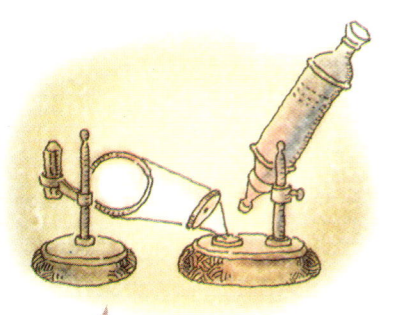

초기의 현미경

현미경으로 본 세포

과학기술의 발달은 의료에 많은 영향을 미쳤단다. 물체를 확대해 관찰하는 현미경이 발명되고, 그 렌즈를 가공하는 기술을 발전시킨 레벤 후크가 세균의 존재를 최초로 발견했어. 하지만 이때까지만 해도 세균이 병을 일으키는 거라고는 생각하지 못했단다.

세균에 의해서도 병이 생긴다는 사실은 19세기 후반에 이르러서야 밝혀졌어. 또한 사람들은 생명체가 저절로 생겨난다고 생각했지.

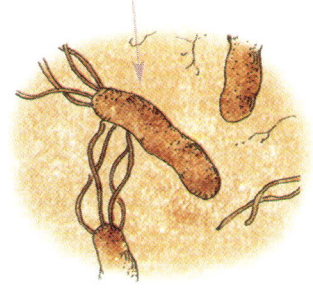
세균의 모습

프랑스의 루이 파스퇴르는 복제 현상을 과학적으로 밝히면서 이를 반박했단다. 독일 의사인 로베르트 코흐는 결핵의 원인인 결핵균을 밝혀내기도 했고, 요셉 리스터라는 영국 의사는 이러한 성과들을 토대로 살균소독법을 제안했단다. 이 모든 업적들을 바탕으로 20세기에는 항생제를 개발하기에 이르지.

 진단법이 발달하면서부터 다양한 의학 지식들을 활용할 수 있었어. 청진기와 함께 몸 안의 상태를 알 수 있는 엑스선을 발견한 것도 19세기 말이야. '모른다'는 뜻의 수학 기호인 엑스(X)를 붙인 엑스선을 물체에 쬔 후 필름으로 현상하거나 디지털 신호로 바꾸면 그 내부를 알 수 있어. 병원마다 이 엑스선을 이용하여 인체의 병든 곳을 알아내는 영상의학과(진단방사선과)가 있지. 첨단장비인 컴퓨터단층촬영(흔히 CT라고 해.)은 인체를 잘라서 찍은 듯한 영상으로도 보여 준단다.

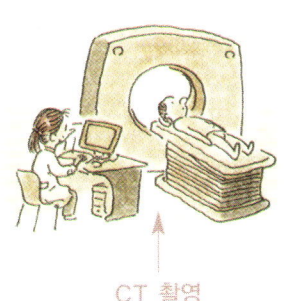
CT 촬영

✚ 병원의 역사는 얼마나 되었을까?

병원도 의학의 역사만큼이나 오래되었고, 함께 발전해 왔단다.

선사시대 유물이나 유골에서도 수술한 흔적을 찾을 수 있는데 이것은 육체나 정신의 병을 다룬 종교의식들이 행해진 증거란다. 히포크라테스도 신전을 환자의 휴양처나 의학을 교육하는 곳으로 사용했어. 곧 신전이 병원의 시초였던 셈이지.

진정한 의미의 병원은 기원전 600년경 인도에 최초로 세워졌어. 기원전 300년에는 질병 예방을 위해 청결과 위생을 강조했는데, 현대의 병원과 비슷한 점이 많았지. 불교의 영향이 강했던 만큼 불교의 자비정신으로 동물병원도 지어졌어.

고대 로마에서는 부상자를 전쟁터에서 직접 치료한 후 병원으로 후송할 정도로 군병원 체계가 아주 잘 갖추어져 있었지.

이후 중세에는 기독교의 박애정신에 의해 수도원이나 성당 중심으로 병원들이 세워졌단다. 하지만 임종을 앞둔 환자나 무주택자만 병원에 수용되었고, 위생 개념도 철저하지 못했어. 절단하는 것 말고는 다른 수술은 하지 못했고, 수혈도 안 되었단다.

의학 지식이 발달했던 이슬람 문명은 병원도 효율적으로 운영했어. 이슬람의 병원과 의학교는 우아한 입원실, 훌륭한 식당 그리고 도서관으로 높은 평판을 얻었단다. 10세기 무렵에는 유럽보다 먼저 정신병원을 설립하기도 했어. 아랍의 병원들은 외래 진찰실이라든지 회복기 환자들을 위한 병실 등, 질병에 따라 공간을 분리해서 운영했어. 환자들의 임상 기록을 의학 교육의 교재로 쓰며 의무 기록을 정착시킨 것도 특색이었지.

 십자군전쟁은 이슬람문명이 유럽으로 전해지게 되는 계기가 되었단다. 이때 이슬람의 영향을 받은 유럽에서도 새로운 병원들이 세워지기 시작했어. 르네상스 시대에는 의료 시설도 고대 그리스나 로마의 수준 이상으로 부활했다고 할 수 있어. 유럽의 도시나 왕실에서는 발전된 의학기술을 도입하려 노력했지. 질병에 따라 환자를 분리 수용하였고 새로운 약과 의료 기구들도 개발되었단다. 이후 산업혁명과 도시화로 각종 전염병과 직업병이 발생하자 많은 도시에 병원이 세워지기 시작했어.

 그렇지만 감염으로 인해 한때 병원의 역할이 축소되기도 했어. 19세기에 이그나즈 지멜바이스라는 의사는 '손 씻기'의 중요성을 강조하여 이를 해결하려 했지. 병실을 출입할 때 손을 씻고 염소석회수로 헹구도록 하여 감염으로 인한 환자 사망률을 떨어뜨렸단다. 그가 세상을 뜬 후에야 세균이 병을 일으킨다는 것이 입증되었지만 어쨌든 그는 손 씻기와 소독으로 감염을 막는 데 크게 이바지했지.

 잘 알려진 나이팅게일도 병원 발전에 큰 공헌을 했어. 청결한 진료 환경과 친절한 간호는 의료 서비스 향상에 혁신적인 발전을 가져왔거든. 그녀는 최초의 간호학교를 세웠고, 자신의 경험을 책으로 써서 간호를 독립된 의료 분야로 인정받게 했어.

세균의 발견과 소독술, 마취제 그리고 뢴트겐의 엑스선 발견 등은 병원 현대화의 기초가 되었지. 병원은 무의탁자나 죽음을 앞둔 사람의 대기소가 아니라, 정확한 진단과 과학적 기술로 환자의 건강을 회복시키는 장소로 자리매김한 거야.

나의 어린 시절

나는 곰 인형처럼 첼로를 안고는 창밖을 내다보았다. 런던의 가을 하늘은 다시 비를 뿌릴 것처럼 어두워지고 있었다. 어느새 맞은편 붉은 벽돌 건물에도 불이 환하게 켜져 있었다.

"왜 안 오시지?"

내가 베이커 거리의 홈스 아저씨 사무실을 방문한 건 두 시간 전이다. 어머니가 구워 주신 과자를 친척인 왓슨 박사님께 드리기 위해서였다. 하지만 내가 아직 돌아가지 못하고 있는 이유가 있었다. 홈스 아저씨 앞에서 첼로 솜씨를 뽐내는 것이 원래 목적이었기 때문이다.

언젠가 나는 홈스 아저씨의 바이올린 연주를 들었다. 가냘픈 여성이 나긋나긋 이야기하는 것 같아, 홈스 아저씨에게 홀딱 반해 버렸다. 첼로를 배우던 나는 열심히 연습해 홈스 아저씨에게 자랑하리라 다짐했다. 오래 전부터 오늘 같은 날을 고대했고, 무거운 첼로까지 들고 왔는데……. 오, 맙소사! 하필 홈스 아저씨는 벌써 몇 시간째 외출 중이다.

홈스 아저씨의 휴대전화에서는 기계적인 여자 목소리가 메아리처럼 울려 왔다.

"지금은 통화가 불가능하오니 메시지를 남겨 주시면……."

첼로가 벅벅거릴 때도 책에만 빠져 있던 왓슨 박사님이, 눈도 떼지 않고 말했다.

"조금만 더 기다려 보렴. 돌아올 때가 다 됐거든."

나는 심술이 나 투덜거렸다.

"치, 30분 전에도 그렇게 말씀하셨다고요!"

"그랬나? 미안, 미안!"

왓슨 박사님이, 홈스 아저씨는 요즘 산업 스파이 사건으로 바쁘다며 당부했다.

"누구한테도 가르쳐 주지 마라. 이건 절대, 비밀이란다."

바로 그때였다. **쿵쾅쿵쾅!** 누군가 계단을 올라오는 소리가 들렸다.

"홈스 아저씬가 봐요!"

왓슨 박사님의 얼굴이 어두워지더니 곧장 일어나 문으로 향했다. 문이 열리고 안으로 들어온 홈스 아저씨를 본 순간, 왓슨 박사님과 나는 깜짝 놀랄 수밖에 없었다. 홈스 아저씨의 온몸은 흙투성이였다. 게다가 다리까지 절뚝이니, 마치 벼랑에서 떨어졌다 살아 돌아온 사람 같았다!

왓슨 박사님이 홈스 아저씨를 부축해 소파에 눕히고 물었다.

"자네 괜찮나? 대체 어찌 된 일이야?"

홈스 아저씨는 대답 대신 신음 소리를 뱉어냈다.

"끄응."

나는 걱정이 되어 홈스 아저씨에게 물었다.

"어디서 넘어지신 거죠?"

홈스 아저씨는 어두운 표정으로 대답했다.

"별거 아니란다. 범인 쫓다 미끄러졌을 뿐이야."

하지만 왓슨 박사님이 홈스 아저씨의 구두를 벗길 때, 아저씨는 소리를 질렀다.

"아, 아, 아파! 살살해, 살살!"

왓슨 박사님이 무릎을 꿇은 채 조심스럽게 양말을 벗겨 내고 보니, 홈스 아저씨의 발은 퉁퉁 부어 있었다.

"생각보다 많이 부었군. 니나야, 냉장고에서 얼음 좀 가져오렴."

"얼음이오?"

"그래, 발을 다치면 처음엔 이렇게 뜨끈뜨끈해지며 붓지. 얼음찜질로 열을 식히는 게 순서란다. 그래야 아픈 것도 덜하고 부기도 가라앉거든."

나는 왓슨 박사님의 말이 끝나기 무섭게 냉장고로 달려갔다.

"아, 아악!"

홈스 아저씨의 비명이 들려왔다.

나는 서둘러 얼음을 주머니에 담았다.

왓슨 박사님은 홈스 아저씨의 발을 조심스럽게 만지고 있었다. 의사로서의 신중함이 발휘되는 순간, 그때마다 홈스 아저씨는 괴로운 표정으로 식은땀까지 흘렸다. 진찰을 끝낸 왓슨 박사님은 심각한 표정으로 말이 없었다.

"설마……, 괜찮으시겠죠?"

나는 수건으로 싼 얼음주머니를 왓슨 박사님께 건네면서 물었다.

"아무래도, 엑스선을 찍어 봐야겠어."

홈스 아저씨는 능청스럽게 말을 받았다.

"뼈 건데, 웬 엑스 맨?"

얼음찜질을 하려던 왓슨 박사님이 답했다.

"내 말은, 병원에 가 봐야겠다는 얘길세!"

"병원은 무슨 병원! 지금도 병원에서 오는 길인데."

왓슨 박사님은 그러는 홈스 아저씨를 나무라는 눈으로 쏘아보았다. 처음 보는, 호랑이 같은 표정이었다.

"아, 그러니까 내 얘기는…… 병원에서…… 범인을 미행하다…… 미끄러지기는 이 앞에서……, 좀 쉬면 나을 거야."

홈스 아저씨의 구차한 변명들이 이상하게 거짓말로 들리지는 않았다.

"자, 이거 보라고."

홈스 아저씨는 이렇게 말하며 자리를 박차고 일어나려 했다. 그러나 휘청거리며, 자존심도 같이 주저앉고 말았다.

"뼈가 부러졌을지도 몰라. 이러다가 나중에 수술까지 하게 되면 어쩌려고!"

"알았네, 알았어."

홈스 아저씨는 두 손을 번쩍 들었다.

"병원은 정말 싫단 말야……."

나는 들릴 듯 말 듯 내뱉은 홈스 아저씨의 혼잣말을 듣고 말았다. 왓슨 박사님도 그 말을 들었는지 나를 향해 찡긋 웃어 보였다.

"흠……."

왓슨 박사님은 홈스 아저씨의 엑스선 사진만 뚫어져라 쳐다보고 있었다. 내가 보기엔 까만 바탕에 희게 보이는 사진일 뿐인데.

"역시, 홈스 아저씨의 속은 시커멓구나."

"엑스선으로 마음을 찍을 수 있는 건 아니란다. 검은 바탕에 흰 것들은 뼈지."

왓슨 박사님의 설명에 내 얼굴이 후끈 달아오르는 것을 느낄 수 있었다.

그때였다. 어떤 의사가 왓슨 박사님을 거칠게 밀어냈다. 그러더니 컴퓨터 모니터를 자기 쪽으로 끌어가며 언성을 높였다.

"아니, 어쩌자고 사람들이 함부로 보게 내버려 둡니까?"

"저분은 왓슨 박사님이세요. 명탐정 홈스의……."

간호사의 귀띔에 의사는 당황한 듯, 왓슨 박사님에게 깍듯이 인사했다.

"죄송합니다. 제가 미처 몰라 뵈었습니다."

"아닙니다. 담당 의사 선생님께서 보고 판단하는 게 맞지요."

의사는 다시 한 번 왓슨 박사님에게 목례하고, 컴퓨터 모니터를 들여다보았다. 그러곤 혼잣말을 했다.

"흠, 이것만으론 부족한데……, 시티 촬영을 해야 하나? 그나저나 예전 기록엔 뭐라 돼 있지?"

의사는 전자 의무 기록을 열었다.

나는 말로만 듣던 전자 의무 기록이 궁금해, 까치발을 하고 모니터를 힐끔거렸다. 미세한 음영의 차이를 읽는 엑스선 사진과는 달리, 전자 의무 기록이라면 나도 쉽게 알 것 같았다.

의사는 내가 영 못마땅한지 인상을 찌푸렸다.

'알았어요, 간다고 가. 거 참, 보안에 엄청 신경 쓰시네! 전자 의무 기록도 온통 모르는 말들뿐이구만.'

나는 속으로 투덜거리며, 쭈뼛쭈뼛 홈스 아저씨에게 갔다.

응급실은 많은 환자와 보호자들로 북적였다. 아기들뿐만 아니라 어린 환자들도 적지 않았다.

누군가 급히 외쳤다.

"잠시만요!"

순간 나는 다가오는 침대차와 부딪칠 뻔했다. 깜짝 놀라 쳐다보니, 어디선가 많이 본 듯한 남자 아이가 침대에 누워 있었다.

의사들은 병을 어떻게 알아낼까?

의사가 환자의 병을 어떻게 알아내는지 궁금하지? 놀라지 마라. 병의 진단은 탐정 수사와 비슷해!

의사는 먼저 진찰을 하며 환자의 상태를 알아본단다. 이때 환자나 보호자의 이야기를 주의 깊게 듣는 것이 매우 중요해. 더러는 보기만 해도 어디가 아픈지 짐작을 하지만, 환자의 이야기 속에 들어 있는 정보가 커다란 실마리를 제공하지. 마치 탐정이 주변 목격자의 이야기를 듣고 사건 현장에서 단서를 찾는 것과 같아. 의사는 환자의 아픈 곳을 만지기도 하고 청진기로 몸속의 소리를 듣기도 한단다. 필요하면 피검사나 소변검사 그리고 방사선촬영으로 더 많은 것을 알아보기도 해.

같은 증상이라도 서로 다른 다양한 질병의 징후일 수 있기 때문에 진찰과 검사를 통해 구분하는 거란다. 예를 들어 재채기라는 증상은 감기일 수도 있고, 알레르기 현상에 의한 것일 수도 있지. 먼지나 차가운 공기 때문에 나는 재채기라면 생리 반응으로 정상이야. 하지만 감기에 걸렸는데 열이 계속 오른다면, 중이염이나 폐렴

같은 합병증을 의심할 수 있단다. 이때는 피검사나 세균배양검사, 방사선촬영을 할 수도 있고, 전문의의 진찰도 필요하지.

의학은 과학과 기술이 함께 존재한단다. 관찰과 통계로 건강이나 병의 원리를 찾는다는 점에서 과학이며, 동시에 이를 환자나 사회에 적용한다는 점에서 기술이지.

의사는 진찰과 검사의 결과를 종합하여 '환자는 이래서 지금의 증상이 있고, ○○병에 걸렸구나.' 하고 판단한 뒤 이에 맞는 치료를 한단다.

코끼리 다리

다음날 나는 학교를 마치자마자 곧장 홈스 아저씨가 입원한 병원으로 향했다.

조심스레 병실 문을 열었다. 소파에 깊숙이 기대 앉아 책을 읽는 왓슨 박사님이 보였다.

홈스 아저씨는 비스듬히 세운 침대에 등을 기대어 노트북을 뒤적이고 있었다. 홈스 아저씨도, 왓슨 박사님도 나를 반갑게 맞아 주었다.

병실의 커다란 창으로 밖이 훤히 내다보였다. 부드러운 분홍색 커튼 사이로 런던을 가로지르는 템스 강의 정취를 느긋하게 맛볼 수 있어, 편안한 거실에 있는 기분이었다.

"아프진 않으세요?"

톤이 높은 내 목소리가 홈스 아저씨에게 발랄한 인상을 주었을 거다.

"그럭저럭 견딜 만하구나. 물론 답답한 것만 빼고."

어제와는 달리, 홈스 아저씨의 음성은 부드러운 저음에 강인함마저 풍겼다. 병원에 입원까지 하시고선 웬 일? 중얼거리며 아저씨의 노트북을 힐끔거리자, 눈치 빠른 홈스 아저씨가 이렇게 말했다.

"인터넷 접속하기 전에 보안 검색을 하고 있단다. 요즘 하도 해킹이 심해서……."

나는 홈스 아저씨를 보다 쓴웃음을 짓고 말았다. 길고 늘씬하던 아저씨의 다리가, 석고붕대에 칭칭 감겨 코끼리 다리만 해진 것이었다. 게다가 흰 석고붕대는, 벌써 많은 팬들이 다녀갔음을 알리는 낙서들로 까맣게 변해 있었다. 코끼리 다리를 낙서하기 편하도록 베개 위에 올려놓은 것만 같았다.

"다리는 왜?"

홈스 아저씨는 의사인 왓슨 박사님에게 눈짓을 하며 답변을 비켜갔다.

"피가 심장으로 잘 흘러들어가도록 하기 위해서야. 다리의 부기가 쉽게 가라앉을 거야."

잠시 책에서 눈을 떼고 설명하는 왓슨 박사님이 무척 진지해 보여서 나는 절로 고개가 끄덕여졌다.

한동안 어색한 침묵이 흘렀다.

"그나저나 오늘따라 니나의 얼굴이 무척 어둡구나. 무슨 걱정거리라도 생긴 거니? 꼬리에 꼬리를 물며 질문을 늘어놓곤 했는데."

홈스 아저씨의 느닷없는 질문에, 나는 당황했다.

"아저씨가 걱정돼서……."

홈스 아저씨가 미심쩍은 얼굴로 말했다.

"흠, 꼭 그런 것 같지만은 않은데?"

왓슨 박사님도 맞장구를 쳤다.

"자네 말이 옳아 보이네그려. 내가 봐도 어제 같지 않으니 말일세."

나는 씩 웃어 보였다.

"어디보자…… 학교에서 무슨 일 있는 거니? 혹시……, 친구에게 문제가 생겼거나?"

맙소사! 홈스 아저씨가 속을 빤히 들여다보는 것 같아, 나는 적잖이 놀랐다.

아저씨의 오랜 친구인 왓슨 박사님이 웃으며 말했다.

"홈스 아저씨 앞에서는 재채기도 함부로 해선 안 된단다."

"자네도 참, 그런 농담을. 나는 그저 눈으로 보고 머리로 생각했을 뿐이야. 아함, 하지만 니나는 아직도 내가 미덥지 못한 모양이구나. 어떻게 고민을 알아냈는지 알려주기 전까진, 절대 수사를 의뢰하지 않을 태세야."

나는 홈스 아저씨에게 아무 대꾸도 할 수 없었다.

홈스 아저씨의 사건을 훌륭하게 기록했던 왓슨 박사님이 거들었다.

"우리 예쁜 아가씨보단 내가 더 궁금한데."

"나는 니나를 꼼꼼한 숙녀로 생각해 왔단다. 어제 내가 다쳤을 때, 얼음주머니를 수건으로 싸 온 것만 봐도 알 수 있지. 하지만 오늘은 전혀 달랐단다. 우선 니나의 가방이 열려 있더구나. 뭔가, 니나의 주의를 단단히 흩뜨리고 있다는 첫 번째 증거야."

나는 깜짝 놀라 들고 온 가방을 쳐다보았다. 가방은 입 벌린 상어처럼 활짝 열려 있었다. 오는 동안 책이며 물건들이 쏟아지지 않은 게 다행스러울 정도였다.

"그리고 가방 안에 있는 도시락이 보이더구나. 음식이 많이 남았더군. 왜 그랬을까? 니나 어머님께서 직접 싸 주신 걸 텐데……. 어머님의 음식은 맛없기로 유명한 영국 음식과는 달리 환상에 가깝지. 그런데 도시락을 남겼단 말이지……."

홈스 아저씨는 말하고 나서 지그시 눈을 감고 생각에 잠겼다.

나는 얼른 가방을 살폈다. 홈스 아저씨의 말대로였다. 투명한 그릇 안의 먹다 남은 음식이 고스란히 눈에 들어왔다. 나는 내가 도시락을 남길 정도였다는 데 새삼 놀라며 슬그머니 가방을 닫았다.

갑자기 홈스 아저씨가 힘주어 말했다.

"무엇보다 니나의 밝고 명랑한 미소가 사랑스러운 얼굴에서 사라졌다는 거야. 그래서 생각해 봤지. 대체 니나가 도시락도 남기고, 가방조차 훤히 열린 줄 모르고 여기까지 온 이유를. 내가 걱정돼서라고? 음, 아니지 아니야. 이미 알고 있는 일이라, 잠은 설쳤을지 몰라도 도시락을 남길 정도는 아니야. 집안일이라면, 오늘 여기에 오지도 않았겠지."

병실이 잠시 환해지다가 어두워졌다. 해가 얼굴을 내밀었다가 다시 구름 속으로 들어간 모양이다.

"니나가 나와 걱정을 나누고 싶었던 건 아닐까? 어머니에게도 털어놓기 힘든 학교에서의 고민이라면, 친구 문제일 거야."

왓슨 박사님은 홈스 아저씨에게 박수를 보냈다.

"역시, 자네는 하나를 보면 열을 아는군."

'홈스 아저씨의 명성이 그냥 생긴 게 아니구나!'

적잖이 놀란 나는, 마침내 홈스 아저씨에게 모든 것을 털어놓았다.

"아저씨께 걱정 끼쳐드리고 싶진 않았지만……, 친구가 결석을 해서……. 이름은 올리버고요."

올리버의 결석을 알아챈 것은 첫 시간인 과학수업이 막 시작됐을 때였다. 수업 도중 선생님은 자꾸만 올리버의 자리를 바라보며 한숨을 쉬었다. '대체 왜 그러시지?' 하면서 돌아본

올리버의 자리는 비어 있었다.

올리버 존스. 사실 올리버는 반에서 있으나마나한 아이라 해도 과언이 아니었다. 특파원인 어머니를 따라 미국에서 전학 온 올리버는 '부시맨'으로 불렸다. 친구들 중 누군가, 올리버의 까무잡잡한 피부를 보고 그런 별명을 붙였을 것이다. 무얼 묻든, 놀리든, 괴롭히든 간에 제대로 대꾸하지 못해 원시인에 가깝다는 뜻도 있었다. 어찌 보면 올리버는 무기력증이나 우울증에 빠진 것 같았다.

하지만 내게는 그런 올리버가 낯설지만은 않았다. 나 역시 한국에서 전학 와, 학교생활에 적응하느라 비슷한 경험을 했었다. 단지 시간이 조금 더 필요할 뿐, 나는 올리버도 잘하리라 믿었다.

그런데 올리버의 결석을 수업이 시작돼서야 알았다니! 연락이 닿지 않는다며 자책하는 선생님 말씀이, 꼭 나 들으라고 하는 말 같아서 마음이 내내 불편했다. 대체 어떻게 된 거지? 나는 하루 종일 올리버 걱정으로 평소와는 다른 '니나'가 되어 있었던 모양이다.

"음, 올리버라……. 혹시 까무잡잡하고 뚱뚱한 남자아이 아니니?"

"세상에, 아저씨! 어떻게 한 번도 본 적 없는 제 친구의 생김새까지 단번에 맞히세요? 혹시, 제가 모르는 놀라운 신통력이라도 갖고 계신 거 아녜요?"

나는 너무 놀란 나머지 마구 호들갑을 떨었다.

"그 올리버라면 이 아저씨가 찾아 주마."

홈스 아저씨는 무척이나 자신 있는 표정을 지으며 말했다.

"정말이세요? 아저씨는 지금 병원에 입원해 계신데요? 다리를 다쳐 움직이실 수도 없잖아요!"

홈스 아저씨는 싱긋 웃으며 큰소리쳤다.

"넌, 발 없는 홈스가 천 리를 간다는 말도 모르니?"

'도대체 뭘 믿고 저러시지?'

홈스 아저씨는 휠체어를 타더니, 옆 병실로 가 노크를 했다.

"여긴 왜요?"

"문에 적힌 이름표를 보렴."

'올리버 존스(남자/9세)'

"글쎄 아침에 시티 찍고 돌아오다가 이 방문을 열었지 뭐니. 웬 꼬마 녀석이 내 침대에 누워 있더라고. 이름표를 보니, 내가 방을 잘못 찾은 거더군."

"자네는 실수를 해도 그게 실수가 아니군그래."

왓슨 박사님의 말에, 홈스 아저씨는 어깨를 으쓱했다.

문을 열자, 결석생 올리버가 멀뚱멀뚱한 표정으로 앉아 있는 게 보였다. 나는 너무 반가운 나머지 나도 모르게 소리를 질렀다.

"올리버!"

홈스 아저씨는 흐뭇한 얼굴로 돌아갔다.

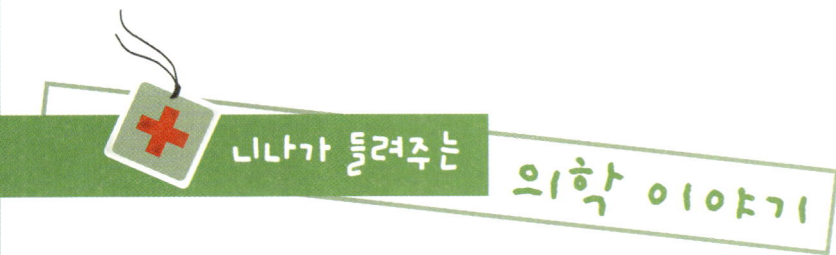

➕ 전문 진료과목이란 무엇일까?

오늘날 사회는 정보화, 세계화 그리고 전문화되고 있단다. 미래에도 이러한 현상은 더욱 빠르게 전개될 거야.

사실 의사만큼 오래전부터 다양하게 전문화한 직업도 없단다. 병원의 전문 진료과에서 의사들은 각자 영역에 따라 환자를 치료해.

전문 진료과목은 크게 내과 계열(내과, 소아과, 피부과 등)과 외과 계열(일반외과, 정형외과, 신경외과 등)로 나눌 수 있어.

내과는 다시 순환기 내과, 호흡기 내과, 소화기 내과, 혈액종양 내과 등으로 나눈단다. 이는 19세기 초에 의사들이 질병을 해부학에 기초해서 분류했기 때문이야.

영상의학과, 진단검사의학과, 병리과, 마취과 등은 각 분야의 전문 진료 과목을 보조하는 서비스 분야로 병원에서 중요한 역할을 하고 있어.

최근의 병원은 환자 중심 서비스를 하기 위해 여러 가지 시도를 하고 있단다. 응급 센터, 암 센터, 심혈관 센터 같은 시설과 족부 클리닉, 비만 클리닉 같이 특화된 클리닉이 그런 곳이지. 의사의 편의에 맞춘 게 아닌, 한군데에서 진단과 치료가 모두 가능한 환자 중심의 의료 서비스야.

여러 진료과의 전문의가 서로 협력하면 보다 큰 효과를 낼 수 있단다. 전문화되어 하나만 보는 단점을 서로 보완하는 거야.

✚ 소아과에 대해서 알아볼까?

어린이들이 병에 걸리면 어디로 가야 할까? 일반적으로는 소아과에 간단다. 아니, 왜 어른들처럼 내과나 외과가 아니냐고?

어린이들은 계속 성장하기 때문에 이에 맞는 독립된 분야가 필요해. 어린이들은 자신의 증상을 적절하게 설명하는 게 서툴기 때문에 약물 처방에 세심한 주의를 기울여야 하지. 소아과는 어린이의 성장을 돕는 동시에, 어린이가 걸린 병을 진단하고 치료하는 의학의 전문 분야란다.

어른과는 달리 어린이는 면역체계가 덜 발달해서 감염에 매우 약하지. 그래서 초창기 소아과에서는 감염 질환을 주로 다루었어. 옛날에는 홍역이나 성홍열 같은 감염 질환이 어린이에게 많았지만 치료법은 적었거든. 소아과 의사와 면역학자, 공중보건학자들의 노력으로 지금은 소아감염이 눈에 띄게 줄었단다.

최근에는 소아감염학, 소아신장학, 소아정신과학, 소아외과, 소

아안과처럼 각 분야별로 어린이만 전문으로 진료하고 있어. 치과에도 소아치과가 있단다.

그렇다면 어린이들이 교통사고를 당했을 때 소아정형외과를 찾아야만 할까? 병원에 소아정형외과가 있다면 좋겠지만, 이를 고집하여 시간을 낭비할 필요는 없단다. 대부분의 가벼운 외상은 일반 의사 선생님이나 정형외과 전문의로 충분해. 소아정형외과를 더 공부한 의사 선생님이나 전문의가 필요하다면, 그때 환자를 의뢰한단다.

 전문 진료는 자칫 한 부문에만 치우쳐 몸 전체를 못 보는 잘못을 범할 수도 있어. 단순히 병만 치료하는 것보다는 환자의 정신적, 사회적인 문제를 포함한 전반적인 배려가 중요해.

 무엇보다 병원을 찾을 일이 없도록 미리 예방하고 건강을 관리하는 것이 중요하지. 예방은 치료보다 훨씬 더 훌륭한 의술이란다.

올리버의 아버지

어제 올리버는 교통사고를 당했다. 다행히 크게 다친 곳은 없지만, 당분간 입원해야 한다고 했다.

"그런데 왜 혼자 있어? 엄마는?"

호랑이도 제 말 하면 나타난다고, 말을 마치자마자 올리버 엄마가 들어왔다.

"도대체 왜 이렇게 연락이 안 되는 거야!"

특파원으로 텔레비전에서 보던 모습과는 달라 보였다. 검정 옷은 깡마른 체구를 더 야위어 보이게 했다. 피곤한 안색에 까무잡잡한 피부가 까칠해 보였다.

"안녕하세요? 올리버 친구 니나예요."

그제야 나를 발견했는지, 올리버 엄마는 고개를 까딱했다. 그러곤 이내 내게 신경 쓸 겨를이 없다는 듯, 이마를 짚고 중얼거렸다.

"빈 사무실에 전화하는 내가 바보지! 아무튼 나쁜 일은 꼭 겹친다니까. 애는 다치고, 집엔 도둑 들고……."

나는 놀라서 중얼거렸다.

"집에 도둑이……?"

"말도 마. 집 안 구석구석을 뭘 그렇게 뒤져 봤는지, 난장판도 그런 난장판은 없을 거야. 그나마 컴퓨터만 없어진 것 같아 다행……."

나는 올리버 엄마의 말에 홈스 아저씨가 생각났다.

"그런 문제라면 홈스 아저씨께 부탁해 보세요."

"옆방에 명탐정 홈스 씨께서 입원해 계신다는 소문은 들었단다. 하지만 그분께서 이런 사소한 사건에도 관심을 가지실까?"

"걱정 마세요. 제가 아저씨랑 친하거든요."

나는 홈스 아저씨가 맡아 주실 거라고 큰소리쳤다. 그리고는 부리나케 홈스 아저씨의 병실로 달려갔다.

올리버네 사정을 들은 홈스 아저씨와 왓슨 박사님의 표정은 그리 밝지 못했다. 먼저 입을 뗀 사람은 왓슨 박사님이었다.

"니나야, 홈스 아저씨는 지금 환자시잖니?"

"발 없는 홈스가 천 리를 간다고 하셨잖아요."

왓슨 박사님은 계속해서 나를 설득하려 했다.

"홈스 아저씨는 흥미로운 사건이 아니면 맡지 않으신단다. 더군다나 단순한 도난 사건은……."

"하지만 입원한 환자의 몸으로 사건을 해결하신다면, 훨씬 더 유명해질 거예요."

홈스 아저씨는 그런 나를 물끄러미 쳐다만 보고 있었다. 나는 구석에 몰리고 있는 기분마저 들었다.

"음……, 아주 흥미로운 사건이야."

홈스 아저씨가 마침내 입을 열어 관심을 내비쳤다.

"자넨 현장감식도 어려울 텐데, 별거 아닌 걸로 괜히……."

왓슨 박사님은 여전히 홈스 아저씨가 걱정스러운 모양이다.

홈스 아저씨는 집게손가락을 입으로 가져가며 얘기했다.

"보지 않으려는 사람보다 더한 장님은 없다네. 내 눈길을 끈 재미난 것들이 실마리일 거야. 다만, 보이는 것으로도 안 보이는 것까지 헤아려야겠지."

드디어 홈스 아저씨의 병실에 올리버와 올리버 엄마까지 모였다.

홈스 아저씨가 뭔가 캐 내려는 표정으로 말을 꺼냈다.

"올리버 아버지 존스 씨와 연락이 끊겼다던데……, 자주 있는 일인가요?"

올리버 엄마는 빨갛게 달아오른 얼굴로 투덜거렸다.

"하여간 그인 무슨 중요한 일이 있을 땐 꼭 곁에 없어요. 그 흔한 휴대전화조차 없으니, 원!"

"사무실 직원들은 뭐라던가요?"

"환경운동이 무슨 돈 버는 일이라고 직원까지 두었겠어요? 이따금 자원봉사자들이 도우러 올 뿐이죠."

"사무실은 둘러보셨겠죠?"

"물론이죠. 그이는 종종 사무실에서 자기도 하는데, 어제는……."

"어제는요?"

날카로운 눈빛으로 홈스 아저씨가 물었다. 홈스 아저씨는 올리버 엄마의 눈을 빌려 현장감식을 하고 있었다. 다리에 석고붕대를 하고 병원에 있는 한, 최선의 선택이리라.

그런데 나는 컴퓨터를 도난당한 집보다 존스 씨 사무실에 더 관심을 보이는 홈스 아저씨를 이해할 수 없었다.

"늘 그렇듯 사무실은 지저분하고 어질러져 있었죠. 그이도 없고 화가 나서 찬찬히 살펴보진 못했지만, 누군가 왔다 간 건 틀림없어요."

올리버 엄마가 힘주어 말했다.

"여자의 직감!"

홈스 아저씨가 낮은 소리로 읊조리다가 목소리를 높였다.

"그러면 존스 씨와는 언제부터 연락이 안 됐습니까?"

"올리버가 다쳤다는 연락받고 전화했으니까……, 그게 한 여섯 시쯤?"

그때였다. 묵묵히 듣고만 있던 올리버가 말문을 열었다.

"저……, 아빠가 차를 타고 어디론가 가시는 걸 봤어요."

"뭐? 그런 얘길 왜 이제야 하는 거야?"

올리버 엄마가 버럭 화를 냈다.

홈스 아저씨가 급히 끼어들었다.

"자자, 진정, 진정하시고. 올리버, 그때 얘길 좀 해 주겠니?"

"사무실 앞이었어요. 아빠가 처음 보는 사람들과 차에 타시는 걸 봤어요."

홈스 아저씨의 얼굴이 약간 일그러졌다.

"음, 더 자세히 설명해 줬으면 좋겠는데……."

"아빠가 절 발견했을 땐, 서둘러 자동차에 오르시는 것 같았어요. 차가 떠나려 하기에, 길을 건너려다 도로가 헷갈려서……."

섬나라 영국에서는 우리나라와는 반대 방향으로 차가 달린다. 좌측통행이 몸에 밴 사람이라면, 착각을 일으켜 교통사고를 당하기 십상이다. 역시 올리버는 학교생활에만 적응이 늦은 게 아니었다.

"원래 교통사고라는 게 차도보다는 횡단보도에서 더 많이

일어나지."

　홈스 아저씨는 눈을 감고 잠시 생각에 잠겼다.

"존스 씨는 요즘 무슨 일 하시죠?"

　홈스 아저씨의 갑작스런 질문에, 올리버 엄마가 가까스로 말을 이었다.

"뭐라더라, 토마토에 물고기를 집어넣는다던가……?"

　나는 얼마 전, 과학시간에 배운 것들을 떠올렸다.

'유전자조작 생물을 말하나 보다.'

"아무튼 요샌 사이버 홍보인지 뭔지, 밤새 컴퓨터만 붙들고 산답니다."

"음, 컴퓨터와 환경운동이라……. 뜨거운 감자군."

홈스 아저씨는 얼굴을 찌푸렸다.

나는 왜 홈스 아저씨가 냉해에 강한 토마토를 뜨거운 감자로 표현하는지 궁금했다.

"이보게 왓슨, 유전자조작 사업을 하려면 큰 회사여야겠지?"

잠자코 듣고만 있던 왓슨 박사님은 뜬금없는 질문에 놀라는 기색이었다.

"꼭 그렇지만도 않아. 요즘은 조그만 벤처회사에서도 충분히 가능하니까."

홈스 아저씨는 그 말을 듣고는 이내 얼굴이 일그러져서 올리버에게 물었다.

"혹시 그 사람들이 아버지에게 바짝 붙어 있진 않았니?"

홈스 아저씨의 질문에 올리버는 고개를 끄덕였다.

"같이 차에 타던 사람들 중에 혹시 무언가 감추고 있는 건 못 봤고?"

"그런 것 같기도 하고, 아닌 것 같기도 하고……."

마치 개그맨을 흉내 내는 것처럼 들렸다.

올리버 엄마가 올리버를 다그쳤다.

"잘 좀 생각해 봐!"

홈스 아저씨는 끼어들지 말라는 손짓을 하고는, 한쪽 어깨를 담요로 둘렀다.

"자, 이렇게 말이지."

홈스 아저씨는 주먹을 쥐고 엄지와 검지손가락은 편 채, 담요 밑으로 감추었다.

모두 얼굴이 하얗게 됐다. 홈스 아저씨는, 같이 차를 탄 사람들이 총을 갖고 있었다고 생각하는 게 분명했다.

홈스 아저씨가 단호한 어조로 말했다.

"이건 단순한 도난 사건이 아니야. 납치 사건이라고!"

✚ 유전자조작 생물이란 무엇일까?

물고기에서 잘 얼지 않는 유전자를 뽑아내 토마토에 넣으면 토마토가 얼지 않기 때문에 추운 지방에서도 재배할 수 있단다.
어떻게 그런 일이 가능하냐고?
유전공학의 발달로 특정한 유전물질을 다른 생물의 세포 속에 집어넣을 수 있게 된 덕분이란다. 이렇게 만든 생명체를 유전자조작 생물이라고 부르지. 벼나 옥수수, 콩 같은 농작물에 이러한 조작을 하면 유전자조작 농작물이 되고, 이를 가공하면 유전자조작 식품이 되는 거야. 제초제나 병충해에 강하도록 유전자 조작을 한 농산물은 이미 팔리고 있어. 인류의 식량문제가 해결될 날도 멀지 않았다는 생각이 드는구나.
하지만 유전자조작 농작물이 밝은 미래를 약속하는 것만은 아니란다. 건강이나 환경에 심각한 문제를 일으킬 수도 있어. 물론 인체에 해롭다는 직접적인 증거는 아직 많지 않단다. 그렇지만 해가 없다는 것도 입증하지 못했지. 그렇기 때문에 유전자조작으로 생산된 상품은 반드시 정확한 표시를 해야 해.

유전자조작을 통한 농작물은 감자나 옥수수, 사탕무, 토마토, 콩 등이 있어. 농작물의 DNA를 조작하여 병충해에 강해지거나 생산량이 증대되는 효과를 볼 수 있지.

하지만 꼭 이로운 점만 있는 건 아니야. 알레르기 반응이 나타날 수도 있고, 항생제 내성을 일으킬 수 있는 등 여러 위험성을 안고 있어.

또 유전자조작 생물은 새로운 환경문제를 일으킬지도 모른단다. 이식된 유전자가 다른 생물로 흘러들 가능성이 있기 때문이야. 만약 제초제에도 죽지 않는 유전자가 잡초로 옮겨 가면 제초제에도 끄떡없는 슈퍼잡초가 될 거야. 이런 유전자 오염은 생태계 전체의 안정을 해치고, 자연계에 큰 재앙을 몰고 올 수도 있지.

그렇기 때문에 유전자조작 생물을 현명하게 사용하는 지혜가 필요해. 제초제에 강한 생물보다는 병충해에 강한 생물 쪽이 생태계에 미칠 악영향이 적을 수도 있어. 최근에는 바이오 에탄올이나 디젤을 생산하는 '에너지 작물'에도 주목할 가치가 있을 거야. 만들거나 사용하는 사람 그리고 반대하는 사람들도 시간을 두고 차분하게 좀 더 깊이 생각한다면 우리 모두에게 도움이 되는 방향으로 발전하지 않을까?

➕ 동물복제는 어떻게 가능할까?

다 자란 동물을 복제하는 일이 가능해졌단다. 세상에나! 이렇게 복제된 최초의 포유류가 1997년에 태어난 아기공룡 둘리? 아니, 복제양 돌리란다. 하긴 공룡은 파충류지!

돌리는 자연에서처럼 정자와 난자의 수정을 통해 태어난 것이 아니라, 여섯 살 먹은 늙은 양의 세포에서 유전 설계된 거란다. 성숙한 양의 세포로부터 염색체를 분리한 뒤에, 본래 있던 염색체를 비운 난자세포에 집어넣는단다. 그리고 전기 자극 등으로 발육을 도운 다음, 다른 양의 자궁에 넣어 태어나게 한 거지.

유전적으로 완전히 같은 제2의 개체를 클론이라고 해. 클론이라는 말은 꺾꽂이에 쓰는 작은 가지라는 뜻에서 유래되었지. 개나리

가지를 꺾어 땅에 심으면 다시 자라듯, 세포를 떼어 똑같은 개체로 복제한다는 의미란다.

〈쥐라기 공원〉이란 영화를 보았을 거야. 의사이면서 작가인 마이클 크라이튼이 쓴 같은 이름의 소설을 바탕으로 했지. 나무의 진액이 굳어 만들어지는 호박 속에 갇혀 보존된 곤충이 공룡의 피를 빨아먹었다면, 그 속에 공룡의 유전자가 있고 이를 이용해 살아 있는 공룡으로 복원한다는 가정에서 만든 공상과학영화란다. 영화가 실현된다면 아기공룡 둘리를 애니메이션이 아닌 실제 현실에서 볼 수 있을지 몰라.

하지만 이렇게 옛 DNA로 생물을 되살리는 일은 현재의 기술로는 거의 불가능하단다. 복원이야 가능할지 몰라도 살아 움직이게 만드는 것은 과학의 영역이 아닌 것 같아. 일반적으로 생물학적 기능을 억제하는 것은 할 수 있지만, 활성화시키는 것은 아주 어렵지. 이 또한 생명이 귀중한 이유란다.

기독교의 뿌리가 깊은 서구사회에서는 이런 유전자복제 기술이 인간복제로 이어지지 않을까 걱정한단다. 그래서 이를 사람에 적용하는 실험은 많은 나라에서 법으로 금하고 있어. 종교적, 윤리적 문제뿐만 아니라, 복제 양 돌리가 빨리 늙어서 죽은 것처럼 미처 생각지 못했던 문제도 따랐지. 유전자복제 기술이 결국 장기이식에까지 쓰이리라 조심스럽게 낙관해 보지만, 기술적인 어려움이라든지 윤리적인 문제들도 현명하게 극복해야 돼.

바이러스

밤이 깊어갈수록 올리버 가족의 근심도 깊어졌다.

홈스 아저씨는 오랜 생각 끝에 올리버에게 질문을 던졌다.

"그런데 올리버, 왜 그렇게 급히 길을 건너려 했지?"

"아빠가 심부름을 시키셨거든요. 그걸 드리려다……."

"그게 뭐지?"

"이동저장장치(플래시 메모리)요."

"그래? 그럼, 그건 어디 있지?"

올리버는 난감한 표정을 지었다. 어디에 두었는지 깜빡한 모양이다.

올리버 엄마가 쩔쩔매는 올리버를 나무라듯 바라보고 있을 때, 나는 어렵사리 올리버 목에 걸린 목걸이형 이동저장장치를 발견하고 올리버에게 눈짓을 보냈다.

올리버는 겸연쩍은 미소를 지으며 목걸이를 풀어 홈스 아저씨에게 건넸다.

홈스 아저씨는 노트북 홈에 이동저장장치를 꽂았다. 그러나 아저씨의 얼굴엔 이내 실망스런 표정이 드러났다.

"거, 참, 오래 걸리겠는걸. 대체 이 많은 걸 어떻게 정리했다는 거지? 게다가 파일 제목과 내용이 따로 놀고 있네!"

홈스 아저씨에게 너무 많은 건 전혀 없다는 것과 같은 말이었다.

막막해하는 홈스 아저씨에게 왓슨 박사님이 말했다.

"경시청의 브라드스트리트 경위에게 연락하는 게 어떨까?"

홈스 아저씨는, 못 들은 척 아랑곳하지 않고 자판만 열심히 두들겨 댈 뿐이어서 그러다 노트북이 죄다 부서질 것만 같았다.

갑자기 홈스 아저씨가 인상을 썼다.

"존스 씨가 해킹도 하나요?"

"해……해킹이라뇨? 그…… 그이는 절대 그런 짓을 할 사람이 아니에요!"

올리버 엄마는 정색하며 부인했다.

이어지는 홈스 아저씨의 답변은 차갑고 차분했다.

"존스 씨가 남의 컴퓨터에 침입해 자료를 빼 내고, 못 쓰게 했다는 얘기가 아닙니다. 일의 특성상 정상적으로 자료를 얻기 힘들어, 해킹할 수밖에 없었겠지요."

올리버 엄마는 홈스 아저씨의 말에 동의한다는 듯, 토를 달지 않았다.

아함! 나도 모르게 하품이 나왔다.

'맙소사! 이렇게 중요한 순간에 하품을 하다니…….'

나는 얼른 손으로 입을 가렸다.

왓슨 박사님이 시계를 보고서 내게 웃으며 말했다.

"이제 보니 시간이 꽤 됐구나."

나도 시계를 쳐다보았지만 뚜렷이 보이지 않아, 몇 시인지는 알 수 없었다.

홈스 아저씨는 여전히 노트북에만 열중했다.

"재미있군. 이건 또 무슨 회사야? 화이버! 거대 공룡, 다국적기업이 안 걸리는 데가 있겠어?"

홈스 아저씨는 못마땅한 듯 눈살을 찌푸렸다.

"흠, 여기도 해킹했었군……."

홈스 아저씨의 중얼거림이, 점점 자판 두드리는 소리에 묻히기 시작했다. 모래주머니 패듯 자판을 친다는 느낌마저 들었다. 그러다 갑자기 홈스 아저씨는 노트북 뚜껑을 **쾅!** 하고 닫아 버렸다. 좀처럼 당황하지 않는 홈스 아저씨가 황당하다 못해 허탈해 보였다.

"왜, 뭐 잘못됐나?"

홈스 아저씨는 아무 대답도 하지 않았다.

다음날 나는 학교가 끝나자마자 서둘러 병원으로 갔다. 아무리 생각해도 어젯밤 홈스 아저씨의 행동은 이해가 가지 않았다. 밤도 늦었고 불난 집에 부채질하는 것 같아 궁금증을 꾹 참고 집으로 돌아왔지만 여전히 모를 일이었다.

내가 병실에 들어섰을 때, 홈스 아저씨는 책더미 속에서 노트북을 붙들고 씨름 중이었다. 여전히 말을 걸어선 안 될 분

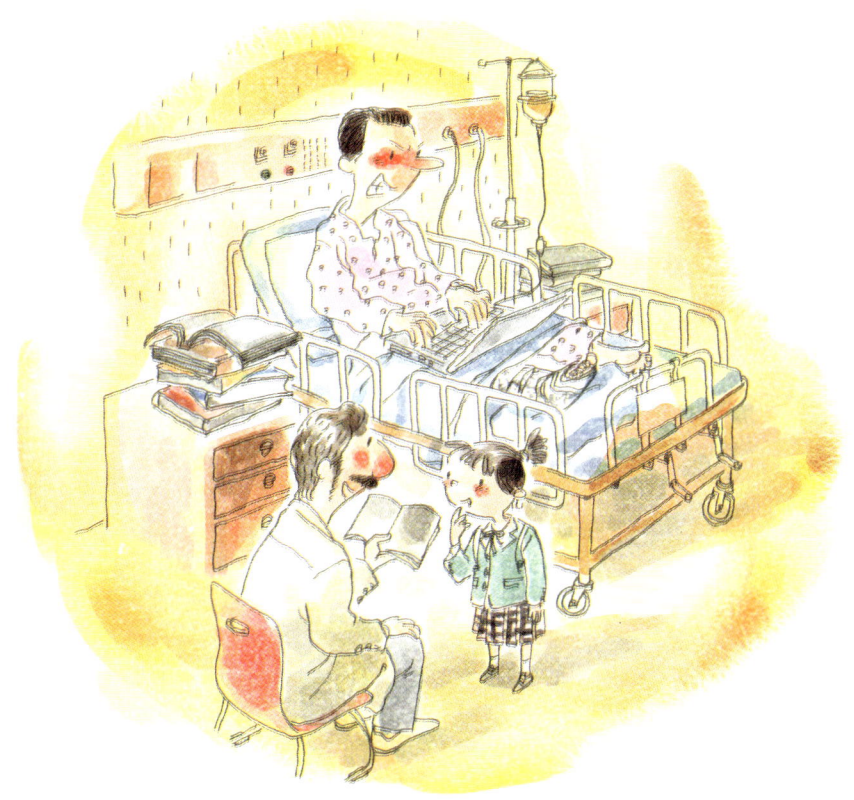

위기였다.

홈스 아저씨 대신 왓슨 박사님이 나를 따뜻하게 맞아 주셨다.

"니나 왔구나."

나는 용기를 냈다.

"저……, 홈스 아저씨는 어젯밤에 대체 왜 그러신 거래요?"

"컴퓨터가 바이러스를 먹었다는구나."

"네? 바이러스요? 컴퓨터가 어떻게 바이러스를 먹어요?"

화들짝 놀란 나를 보고, 왓슨 박사님은 껄껄 웃었다.

"내가 말한 바이러스란, 인터넷으로 컴퓨터에 침입해 프로그램을 파괴하는 또 다른 프로그램이란다. 니나가 알고 있는 바이러스라는 미생물과 비슷한 점이 많아 붙여진 이름이지. 숨어 있다 때가 되면 활동하는 것도 비슷하고."

왓슨 박사님은 컴퓨터에 대해서도 박사인 것 같았다.

비로소 홈스 아저씨가 말문을 열었다.

"그렇게 강력한 바이러스는 정말 처음이었어. 으, 몽땅 다 날아가 버렸지!"

그래도 무언가 뜻대로 돼 가는게 있는지, 홈스 아저씨의 투덜거림에 여유가 묻어났다.

"참, 지금 몇 시지?"

홈스 아저씨는 시계를 보더니 서둘러 텔레비전을 켰다.

"정리하자면, 컴퓨터에 백신만 잘 깔아도 해킹을 차단할 수 있답니다. 여러분, 그 점 잊지 마세요!"

프로그램 진행자는 곱슬머리에 검은 뿔테안경을 낀, 포동포동 살진 남자였다. 귀여운 얼굴에 편안한 느낌마저 주었다. 팔을 컴퓨터 모니터에 올려놓자, 프로그램은 끝나 버렸다.

"컴퓨터에도 백신을 놓나 봐?"

홈스 아저씨가 의아해하는 내게 책 한 권을 건넸다. 표지에는 방금 텔레비전에 나왔던 사람이 시원스럽게 웃는 모습이 실려 있었다. 이름은 톰. 컴퓨터 프로그래머로, 글쓴이 겸 해설자라고 쓰여 있었다.

"바이러스를 찾아내고 손상된 디스크를 복구하는 프로그램을 백신이라고 하지. 미생물을 이기거나 이길 힘을 길러 주는 생물학의 백신에서 따 왔단다. 곳곳에서 생물학의 숨결이 느껴지지?"

왓슨 박사님이 설명을 마치자, 홈스 아저씨는 휠체어에 앉았다.

"자아 그럼, 슬슬 나가 볼까?"

"어딜 가시게요?"

"로비에서 뭘 전시한다는구나."

로비는 생각보다 많은 사람들로 북적였다. 집중 조명되는 사다리 모양의 디엔에이(DNA) 모형이 전시회를 돋보이게 했다. 농약에서 비료, 의약품까지 만든다는 화이버 회사의 후원으로 규모도 제법 컸다.

왓슨 박사님이 의외라는 목소리로 말했다.

"화이버 회사는 요즘 사정이 안 좋다던데, 이렇게 후원까지 하는군."

화이버 회사의 광고물 앞을 지날 때, 눈이 맞은 왓슨 박사님과 홈스 아저씨가 합창하듯 개그맨 흉내를 냈다.

"농약도 약이야!"

나는 기분 좋게 웃으며 왓슨 박사님을 뒤따르다가 어느 사진 앞에 멈추었다.

로잘린드 프랭클린이라는 여자 과학자였다.

"이분은 뭘 하신 분이세요?"

"DNA의 이중나선 구조를 밝히는 데 커다란 공헌을 하신 분이란다."

"그럼 왓슨, 크릭과 함께 노벨상을 받으셨겠네요?"

왓슨 박사님은 고개를 가로저었다.

"당시 과학계는 여성이 인정받기 힘든 풍토였단다. 업적에 대한 평가가 제대로 이루어지기도 전에 일찍 죽고 말았지."

운명의 여신이 뛰어난 재능을 시기해서였을까? 나는 쉽게 발걸음을 옮길 수 없었다.

제너의 천연두 접종을 기념하는 조각 앞이었다.
"옛날 어린이들은 호환, 마마와 같은 질병에 의해 목숨을 잃는 일이 발생하곤 하였으나……."
홈스 아저씨의 나직한 목소리에 한바탕 웃음이 쏟아졌다.
병실로 돌아가기 위해 왓슨 박사님이 휠체어를 돌릴 때, 홈스 아저씨가 물었다.
"그런데 왓슨, 왜 하필 이 병원에서 이중나선 구조를 밝힌 것을 기념하지? 이중나선 구조를 규명한 과학자들이 이 병원에 근무했던 건 아니잖아?"

"이 병원이 이번 인간유전체 사업에 적극 참여했다지, 아마."

순간, 홈스 아저씨의 눈이 사냥감을 발견한 늑대의 눈빛처럼 번뜩였다.

"인간유전체 사업이라……?"

"인간의 모든 유전자를 해석해서 생명의 신비를 밝히고, 병의 원인을 찾으려는 거야. 이를 바탕으로 치료약도 개발할 수 있지."

"흠, 그런 일에 병원이 참여했다……. 그것도 적극적으로?"

"개개인의 유전자를 알고 나면, 지금처럼 뭉뚱그려 비슷비슷한 약을 쓰지는 않을 거야. 맞춤형 진료나 약으로 치료하는 시대가 열리겠지. 정보를 가진 자와 그렇지 못한 자로 새로운 판도가 짜일 테고, 그럼 아는 게 힘이고 정보가 돈이 되는 세상이 오는 거야."

홈스 아저씨는 아주 재미있다는 듯 씩 웃었다.

"아는 게 힘, 정보가 돈!"

나직한 목소리로 되뇐 것이, 한산해진 로비에 은은히 울려 퍼졌다.

병실로 돌아왔을 때, 홈스 아저씨를 기다리는 사람이 있었다. 간호사인데, 아마도 터키 계 여자 같았다.

"좀 쉴 만하면 피 뽑겠다 하고, 잘 만하면 검사하겠다 하니 이거야 원……."

홈스 아저씨의 푸념에도 아랑곳 않고, 간호사는 일을 마치고 나가 버렸다.

"대체 이렇게 피를 많이 뽑아 뭘 어쩌려는 거지?"

"다 필요하니까 하는 거겠지. 괜히 넘겨짚지 말게."

홈스 아저씨의 투정에, 왓슨 박사님은 의사답게 의료진을 두둔했다.

"가만가만……, 이 많은 피들은 도대체 어디로 가지?"

"진단검사의학과로 보내 검사하지."

"진단검사의학과? 그럼 거기에 환자들의 정보가 모두 모이겠군."

"모든 정보까지는 아니어도, 여하튼 방대한 양이지."

"유전자정보도?"

"당연하지. 유전자검사도 하니까."

홈스 아저씨는 왓슨 박사님에게 진단검사의학과에 아는 의사가 있는지 물었다.

왓슨 박사님은 고개를 끄덕이며 답했다.

"위안* 박사라는 친구가 있다네."

"위안이라……, 꼭 중국 돈처럼 들리는군."

* 우리나라 돈의 단위가 '원' 이듯이 중국 돈의 단위는 '위안' 이랍니다.

"아마, 중국인 2세나 3세쯤 될걸?"

"돈도 밝히는?"

홈스 아저씨가 물었다.

"글쎄……."

"아는 게 힘이고 정보가 돈이라 하지 않았나? 이렇게 엄청난 유전자정보를 모을 수 있다면, 큰돈 버는 것도 어렵지 않을 텐데……."

왓슨 박사님은 그제야 빙그레 웃으며 대꾸했다.

"정보가 돈이 되는 건 사실이지만, 정보를 얻으려면 그만큼 돈이 든다네. 인간유전체 사업도 엄청난 돈을 먹은 하마와 같았지."

왓슨 박사님의 설명을 듣고 홈스 아저씨는 적이 실망하는 눈치였다.

"그래도…… 돈이 되지 않을까?…… 맞아, 돈이 필요했을 수도 있어!"

니나가 들려주는 의학 이야기

➕ 바이러스와 백신에 대해 알아볼까?

　살아 있는 세포에서만 증식할 수 있는, 작고 성분이 간단한 감염성 병원체를 바이러스라고 해. 바이러스는 단백질과 유전물질인 핵산으로 이루어져 있어. 세포의 크기가 코끼리만 하다면 바이러스의 크기는 파리만 하다고나 할까?
　바이러스는 스스로 증식할 수는 없지만, 살아 있는 세포에 침입할 수 있어. 이때 유전물질을 세포 속으로 주입해 바이러스 입자를 복제하지. 감염된 세포가 바이러스를 생산하는 셈이야. 이렇게 생명체의 특징인 증식을 할 수 있기 때문에 화학물질처럼 보이는 바이러스를 생물과 무생물의 중간 존재로 생각하게 한단다. 바이러스는 사람들에게 많은 질병을 일으키지. 감기나 후천성면역결핍증(AIDS:에이즈)이 대표적인 예란다.
　미생물이 병을 일으킬 수 있다는 것을 알기 전부터 인류는 면역으로 병을 예방했어. 면역이란 침입해 오는 외부 물질의 공격에 저항하는 생물의 능력을 말해. 고대에도 전염병에 걸렸던 사람은 다시 같은 병에 감염되지 않았고, 환자의 옷을 입었다 벗어 면역력을

63

증강시켰다는 기록이 있어. 중국에서는 천연두에서 회복된 환자의 피부병변을 코에 흡입하여 이를 예방했다고도 해.

　면역에 대해 과학적으로 연구한 사람은 영국의 의사 제너란다. 그는 소에 우두를 일으키는 바이러스가 천연두를 예방한다는 점에 착안해 이를 사람에게 적용했어. '사람이 소가 된다.', '신성한 조물주의 피조물인 사람에게 소의 우두를 접종할 수 없다.' 는 등 반발은 있었지만 말이야. 그리고 19세기 말 파스퇴르는 약화된 배양균을 주사하여 탄저병에 대한 면역을 증명하였단다.

　요즘은 백신을 주사하거나 먹어서 많은 병을 예방하지. 약화시킨 세균으로 만든 백신은 미열 같은 가벼운 증상만 일으킨단다. 활성이 없거나 죽은 미생물로 만든 백신도 면역 반응을 일으키지.

　이제 천연두는 지구 상에서 사라졌고, 소아마비, 디프테리아, 백일해, 홍역, 풍진 등도 선진국에서는 거의 찾아볼 수 없어. 장티푸스, 콜레라, 페스트, 파상풍, 독감, 황열, 뇌염 중 일부 그리고 비(B)형 간염 등에 대한 백신도 개발되었지. 이 백신을 다 맞아야 하느냐

고? 물론 아니란다. 일부는 병에 걸릴 위험이 높은 사람들에게만 접종한단다.

오늘날에는 기술의 발달로 새로운 유형의 백신 개발이 가능해졌어. 면역 반응을 일으키는 병원체의 성분을 이용한다든지, 유전자 재조합 기술을 응용하는 거야.

항생물질로 치료하는 것과는 달리, 예방과 치료에서 백신의 역할은 앞으로 더욱 중요해질 거야.

➕ DNA의 이중나선 구조와 인간유전체 사업이란 무엇일까?

DNA란 대부분의 세포에서 유전형질을 전달하는 화학적 분자구조란다. 이는 생물의 유전을 화학적으로 푸는 일종의 암호이자 언어라 할 수 있어. DNA는 아데닌(A), 시토신(C), 구아닌(G), 티민(T)의 기본 단위(염기)로 분석한단다. 이들 염기는 $A=T$와 $C\equiv G$의 형태로만 결합하며, A와 G 또는 C와 T 따위의 결합은 생기지 않아. 이처럼 특정 상대와 결합하여 염기쌍을 만드는 것을 '상보적'이라고 한단다. 이런 특성으로 한쪽 사슬의 염기 배열이 결정되면 다른 쪽은 자동으로 정해지지. 염기 배열의 차이가 곧 유전자의 차이를 가져오므로, 각각의 고유한 염기 배열을 유전 정보 또는 암호라고 하는 거야.

각각의 염기들은 두 가닥의 끈이 나선형으로 얽힌 사이로 사다리처럼 연결되어 있단다. 이렇게 DNA가 이중나선 구조라는 것을 밝힌 제임스 왓슨과 프랜시스 크릭은 노벨상을 받았지.

인간유전체 사업이란 인간의 모든 유전자를 해독한 연구란다. 30억 개에 이르는 사람의 DNA 염기 배열을 해독한 것으로, 달 착륙 이후 가장 커다란 과학의 성과물이지. 2003년 4월에 공식으로 완료를 선언했단다.

인간유전체 사업을 통해 확인한 사람의 유전자는 3만 개 정도야. 이는 다른 동물에 비해 그리 많은 숫자는 아니란다. 그리고 이 연구

를 통해 유전자에서 형성된 단백질도 중요하다는 사실을 깨닫게 했단다.

　인간유전체 사업으로 얻은 유전자지도는 과학과 기술이 만나 얻은 생물학적인 의학 정보야. 이를 바탕으로 생명의 신비를 밝히고, 환경과도 어떤 방식으로 서로 반응하는지에 대해서도 알 수 있을 거야. 병의 원인이나 진행 과정을 연구하여 치료약 개발에도 도움을 줄 거라고 기대해.

위안 박사와 톰

납치 사건은 실종 사건과는 달리 철저한 보안 속에서 수사가 이루어진다. 홈스 아저씨는, 아는 사람은 말이 없다며 언급을 삼갔다. 나의 호기심은 점점 더 증폭되었다. 2층 진단 검사의학과에 온 것도 이해가 안 가기는 마찬가지였다.

우웅웅~우웅~. 많은 기계들이 돌아가는 소리로 방 안은 시끄러웠다. 정해진 순서에 따라 기계로 들어가는 검체들은 무척이나 신기했다.

'여기 시설도 자동화되어 있구나!'

검사실을 돌며 설명해 주는 위안 박사는, 땅딸막한 키에 머리가 약간 벗어진 의사였다. 무얼 가리킬 때마다 가운 속에서 닳고 때가 낀 소매가 드러나, 어수룩해 보이기까지 했다.

홈스 아저씨는 목소리를 가다듬어 위안 박사에게 물었다.

"이렇게 자동화하면, 의학의 영역은 줄지 않을까요? 앞으론 유전자검사만 하면 된다던데……."

홈스 아저씨의 조금 엉뚱한 질문에 위안 박사는 거침없이 대답했다.

"모든 걸 자동화할 순 없죠. 병에 걸리는 게 모두 유전자 때문도 아니고요. 유전 말고도 환경이나 심리적인 요인들이 복합적으로 작용하죠. 게다가……."

위안 박사의 장황한 설교는 미치지 않은 곳이 없었다.

"의학은 영원히 발전합니다. 영역이 늘면 늘었지, 주는 일은 결단코 없을 겁니다."

위안 박사는 어느 방에 이르러 하던 말을 멈추더니 소개를 했다.

"여기가 정보 시스템을 관리하는 곳입니다."

위안 박사가 문을 연 방에서는 컴퓨터만 요란하게 돌아갈 뿐이었다.

"이런, 톰이 없군요! 아마 방송 출연으로 자리를 비운 것 같습니다."

위안 박사는 대충 얼버무리며 넘어갔다.

"그러니까, 검사 결과가 나오면 정보 시스템을 통해 필요한 곳으로 전송합니다."

"정보가 샐 위험은 없습니까?"

생뚱맞은 홈스 아저씨의 질문에, 위안 박사는 그럴 리 없다며 고개를 저었다.

그때 누군가 나를 밀치고선 미안하단 말도 없이 지나갔다. 톰이었다.

"톰, 이분들께 병원 보안 시스템에 대해 설명해 주겠나?"

위안 박사가 톰을 불러 세웠다.

돌아선 톰은 보통 사람 허리만 한 목에 유난히 튀는, 빨간색 넥타이를 매고 있었다. 그건 번지르르하게 윤기가 흐르는 양복과도 어울리지 않았다. 온몸을 사치품으로 치장한다고 뭐가 되는 건 아닌 모양이다.

"아……, 예. 병원에서는 여러 보안 프로그램을 효율적으로 운영하고 있습니다. 문제가 없게끔 말이죠."

뭐가 그리 더운지 연신 땀을 닦으며, 톰은 얼렁뚱땅 이야기를 마치려 했다.

홈스 아저씨가 기습적으로 말을 꺼냈다.

"그저껜가요? 병원 인터넷이 바이러스로 다운되던데……."

난데없는 질문에 톰이 고개를 돌렸다. 홈스 아저씨를 본 톰은 아는 체하려다 이내 안색을 바꾸더니, 곧 경계하는 눈치를 보였다.

"그야 감염된 파일을 열어서 그렇겠죠."

"제 생각엔, 서버가 공격당한 것 같던데……."

"공격이라……? 그럼, 해킹했다는 뜻인데……. 참 다양한 취미도 가지고 계시는군요."

"버젓이 남의 컴퓨터를 망가뜨리는 사람들만큼 고약하진 않죠. 허허허."

홈스 아저씨는 위안 박사뿐만 아니라 톰에게도 딴지를 거는 것 같았다. 말속에서 뼈가 느껴졌다.

"그저께 아셨겠지만, 해킹도 그리 만만치는 않았을 겁니다. 하하하."

얼굴이 붉으락푸르락해진 톰은, 더 이상 방송에서 보던 편안한 인상은 아니었다.

당황한 위안 박사도 불안해하기 시작했다.

홈스 아저씨는 더 볼일이 없다며, 왓슨 박사님에게 돌아가자고 신호했다. 그러다 문득, 고개를 돌려 물었다.

"그나저나 우리, 어디서 한번 본 것 같지 않습니까?"

톰과 홈스 아저씨 사이에 팽팽한 긴장감이 흘렀다.

"글쎄요. 제가 요즘 텔레비전에 자주 나오는 편이라……."

톰은 별거 아니라는 듯 냉담한 반응이었다.

"정말 그럴까요? 그렇다면, 그저께 저녁엔 어디서 뭘 하셨습니까?"

그러자 갑자기 톰은 길길이 날뛰었다.

"내가 그저께, 어디서 뭘 하든 당신이 알게 뭐야! 그래, 당신이 원하는 대로 병원에서 해킹이나 했다고 칩시다. 그럼 어쩔 거요? 응?"

톰은 온몸이 화산처럼 붉게 달아올라 곧 터질 것 같았다.

위안 박사도 몹시 언짢은 표정을 지었다.

홈스 아저씨는 여유만만하게 웃으며, 느긋하게 책 한 권을 내밀었다. 톰이 쓴 책이었다.

"아주 잘 쓰셨더군요."

니나가 들려주는 의학 이야기

✚ **미래의 유비쿼터스 건강 시스템에 대해 알아볼까?**

옛날에는 왕진이라 하여 의사가 아픈 사람을 찾아가 진찰하고 치료했단다. 요즘은 청진기만으로는 진찰할 수도 없고, 약으로만 병을 치료하는 것도 아니야. 그래서 환자가 의사와 장비가 있는 병원으로 가야 해. 최근에는 구급차나 헬기 같은 후송 방법이 발달해서 이동하는 응급실이라고 해도 좋을 정도야. 이처럼 기술의 발달은 문화와 환경마저 바꾸게 하지.

병원이 커지면서 의사나 간호사, 의료기사같이 진료에 직접 관여하는 사람들만으로는 운영하는 데 어려움이 생겼단다. 환자 진료를 위해 병원은 다양한 직종들이 잘 어울려 있어. 약사나 영양사 같은 전문 직종에서부터 병원 행정, 심지어는 보안이나 미화 등 하나하나가 빠짐없이 중요하지.

모든 분야를 효율적으로 운용하기 위해 병원에서도 정보기술(IT)을 이용하고 있단다. 이를 통해 병원 안뿐만 아니라 병원들끼리 또는 보험이나 대학과의 연계도 이루어지지.

의료에도 시간과 공간의 제약 없이 언제 어디서나 활용 가능한

'유비쿼터스' 개념을 도입하고 있어. 특히 '유비쿼터스 건강 관리'는 의료 혜택을 병원에서뿐만 아니라 일상생활의 영역으로까지 넓히는 거란다. 건강 검진뿐만 아니라 고혈압, 당뇨 같은 질환 관리라든지 원격진료 등을 포함하지. 당뇨 환자가 스스로 혈당을 검사하여 휴대폰이나 인터넷으로 보내면, 의사가 이를 보고 처방하는 것을 예로 들 수 있어.

 미래의 병원에서는 조기 진단과 질병 예방에 중점을 둔 '건강' 모델이 실현될 거야.

수술 중

다음날 내가 병원에 들렀을 때, 홈스 아저씨의 병실은 텅 비어 있었다.

'어? 올리버도 자리에 없던데……'

왓슨 박사님이 읽던 책들만 탁자 위에 어지럽게 흩어져 있었다. 《장미의 이름》이란 책이 눈에 띄었다. 표지에 장미꽃이 아닌, 수도원 그림이 있어서였다.

나는 소파에 앉아 따분한 시간을 보냈다. 올리버 아버지의 납치 사건에 대해서도 나름의 추리를 해 보았다. 어느덧 사건 발생 나흘째였다. 범인들에게선 전화 한 통 없었다. 돈 때문은 아닌 것 같았다. 이유가 뭘까? 혹시 홈스 아저씨가 지나치게 추측한 것은 아닐까? 생각은 꼬리에 꼬리를 물고 온갖 상상을 다 불러일으켰다.

딸까닥! 깜빡 졸다 나는 화들짝 놀라 눈을 떴다. 병실은 역시 쥐죽은 듯 고요했다.

'뭔가 얼핏 지나가는 것 같았는데……, 잘못 본 건가?'

"안녕하세요? 오랜만이……."

병실을 지나는 간호사의 목소리가 들려왔다. 곧이어 열린 병실 문을 통해 내게도 말을 건넸다.

"어? 꼬마 아가씨네! 홈스 씨는 지금 수술 중이신데……."

홈스 아저씨가 수술을 받는다고? 믿을 수 없었다. 갑자기 왜? 나는 수술실로 뛰어가면서도 생각했다. 홈스 아저씨는 피로골절로, 안정을 취하기 위해 입원했었다. 정밀검사도 딱히 이유가 있어서 받은 건 아니었는데…….

수술실 앞에는 왓슨 박사님이 무언가 골똘히 생각하며 서성이고 있었다.

올리버가 나를 보고는 입을 열었다.

"뇌수술 받으신대."

"뭐라고요? 박사님, 대체 어찌된 일이에요? 다리도 아니고 뇌수술이라뇨?"

"글쎄……, 나도 급히 연락받고 와서……. 누가 홈스를 층계에서 밀었다는구나. 자리를 비우는 게 아니었는데……."

왓슨 박사님이 말끝을 흐렸다.

나는 왓슨 박사님, 올리버와 함께 수술실 밖에서 수술이 끝나기를 기다렸다. 다들 말이 없었다.
'대체 누가 홈스 아저씨를 밀었을까? 과거의 원한 관계? 혹시 닷새 전, 홈스 아저씨가 미끄러진 사건과 관련 있는 걸까? 아니면…….'
마침내 수술실 문이 열리고, 파란 수술복 위에 하얀 가운을 걸친 의사가 걸어 나왔다.
"홈스 씨의 수술은 잘 끝났습니다. 곧 회복실로 옮겨질 겁니다."

나는 왓슨 박사님을 따라 파란 가운을 걸치고 수술 모자까지 쓴 다음, 회복실로 들어갔다.
'뚜, 뚜, 뚜, 뚜……' 많은 기구들, 모니터 달린 기계들이 수선스러운 소리를 내고 있었다. 간호사는 그 가운데에서 모니터를 보며 수술 받은 환자들을 돌보고 있었다.
홈스 아저씨는 앉은 자세에 가까울 정도로 비스듬히 누워 있었다. 머리에 붕대가 칭칭 감겨서인지, 안색은 더욱 창백해 보였다.
"아저씨, 많이 아프세요?"
떨리는 목소리로 물었지만, 홈스 아저씨는 대답이 없었다.
"아저씨가 많이 힘드신가 봐요."
왓슨 박사님은 말 없이 고개만 끄덕였다.

"혹시, 홈스 아저씨 심장이 멈춘 건 아니죠?"

올리버가 왓슨 박사님에게 물었다.

"뭐라고?"

눈이 휘둥그레진 왓슨 박사님이, 올리버가 가리킨 모니터를 바라보았다. 나도 눈까지 찌푸려 가며 모니터를 보았지만, 뚜렷이 보이지는 않았다.

'삐!' 날카로운 신호음이 길게 울려왔다.

왓슨 박사님은 당황한 빛이 역력했다.

틈새를 비집고 간호사가 들어왔다. 간호사는 홈스 아저씨를 살피더니 무언가를 찾았다. 그리고 이내 전선 하나를 손에 쥐고 당겼지만, 쉽게 따라오지는 않았다. 발밑에서 무언가 꿈틀거리는 것을 느끼고선, 나는 한 걸음 뒤로 물러났다.

"앗! 제가 밟아서 빠진 건가요?"

"빠진 걸 밟은 것 같구나."

간호사는 무표정하게 대답했다. 나는 얼굴이 달아오르는 것을 느낄 수 있었다.

"구형이라서 그래."

간호사가 담담하게 말하며 선을 연결했다.

'뚜, 뚜, 뚜, 뚜……' 모니터의 스피커에서 규칙적인 신호음이 들려왔다.

"으음……"

홈스 아저씨의 낮은 신음소리는 한바탕 소동이 일어난 후라 무척이나 반갑게 들렸다.

"아저씨! 아저씨……. 아직 못 알아들으시나 봐요!"

나는 그 상황이 너무 답답했다.

왓슨 박사님은 내 어깨를 토닥이며 차분한 목소리로 말했다.

"곧 마취에서 깨어날 거야."

안타까움을 뒤로 하고 회복실을 나섰다.

회복실에서 나오자 왓슨 박사님이 말했다.

"니나야, 안과에 한번 가 봐야 하지 않겠니?"

"안과요?"

"회복실에서도 그랬지만, 네 시력이 나빠진 것 같구나. 뭘 볼 때마다 부쩍 인상을 쓰더구나. 책도 코앞에 바짝 대고 읽지? 자, 먼 곳을 한번 보렴."

나는 복도 끝을 쳐다보았다. 왓슨 박사님 말대로 흐릿한 게, 정확히 보이지는 않았다.

왓슨 박사님이 말을 이었다.

"요새 머리가 아프지는 않니?"

나는 고개를 끄덕였다.

"그게 다, 시력이 나빠져서 그런 거란다. 조만간 안과에 꼭 가 보거라."

나는 최근에 일어난 복잡한 일들 때문에 머리가 아픈 줄로만 알았다. 그래서 사물들도 흐릿하게 보이는 거라고 생각했는데…….

이틀 후 나는 왓슨 박사님의 말대로, 엄마랑 안과에 들러 시력을 측정했다.

세련된 안과 의사선생님은, 내가 먼 데 있는 것을 뚜렷이 보지 못한다고 확인해 주며 가까운 것이 잘 보이는 근시라고 했다. 병이 아닌지 걱정하는 내게, 정밀한 시력을 필요로 하는 문명의 영향일 뿐이라며 안심시켜 주었다.

안경을 맞춘 다음, 나는 엄마 손을 잡고 홈스 아저씨의 병실을 찾았다.

"출입금지입니다."

병실을 지키고 선 경찰 아저씨가 우리를 가로막았다.

"저는 홈스 아저씨 친구예요. 엊그제만 해도 자주 드나들었는걸요!"

그러나 경찰 아저씨는 자동응답기처럼 했던 말만 반복했다.

"다음에 오는 게 좋겠다. 그만 가자."

엄마가 내 손을 끌었다.

왓슨 박사님이 나온 것은 그때였다. 처음에는 안경 쓴 나를 알아보지 못했다.

"어디서 많이 듣던 목소리다 싶어 나왔더니, 안경 쓴 니나가 왔구나."

왓슨 박사님이 내 머리를 쓰다듬어 주었다.

엄마는 늦게 찾아뵈어 송구스럽다며 인사말을 건넸다.

간단한 수술이라고 했지만, 홈스 아저씨는 아직 회복하려면 멀어 보였다.

나는 여전히 머리가 지끈거렸다.

"……시간이 좀 걸린단다."

왓슨 박사님이 환하게 미소 지으며 위로해 주었다.

실내에만 있으면 머리가 더 아플 거 같아 나는 올리버에게 가서 말을 건넸다.

"우리, 산책할래?"

입원 후, 병원 밖으로는 처음 나가는 거라며 올리버는 아주 좋아했다.

나는 올리버의 휠체어를 밀어 승강기에 탔다. 부드럽게 내려가던 승강기는 2층에서 멈추었다. 문이 열리고, 검은 양복을 입은 남자가 탔다. 뒤이어 미모의 여성과 톰 그리고 위안 박사가 승강기 안으로 들어섰다.

올리버가 내 옆구리를 꾹 찔렀다.

"왜?"

깜짝 놀라 나도 모르게 소리를 높였다.

올리버는 얼른 고개를 숙이더니 아무것도 아니라며 얼버무

렸다. 그런 올리버가 어딘지 모르게 불안해 보였다. 다시 눈이 마주친 올리버는 검은 양복을 입은 남자를 향해 눈짓을 하고는 도로 고개를 숙였다.

나는 슬그머니 검은 양복을 입은 남자를 쳐다보았다. 그는 오른팔에 붕대를 감고 있었다.

로비에 내려 승강기가 지하로 간 것을 확인하고도 한참이 지나서야, 올리버가 소리쳤다.

"아빠하고 차를 탔던 사람 같아!"

나와 올리버는 급히 홈스 아저씨의 병실로 돌아왔다.

다시 나타난 범인 이야기에 홈스 아저씨의 얼굴은 긴장감이 감돌았다. 회복되려면 한참 있어야 할 것 같던 중환자의 모습은 온데간데없었다.

"홈스 씨, 오늘 좀 어떻습니까?"

홈스 아저씨를 담당하는 정형외과 전문의가 들어오며 인사했다. 그는 전공의와 학생들을 데리고 회진 중이었다.

홈스 아저씨는 대답은 하지 않고 손만 반쯤 들었다 놓았다.

"머리가 아프진 않습니까?"

머리에 붕대를 감은 홈스 아저씨는 말 없이 손을 저었다.

"뭐, 벼랑에서 떨어졌을 때도 너끈히 살아 돌아오셨는데, 이쯤이야……!"

정형외과 전문의의 농담에 왓슨 박사님이 웃음을 터트렸다.

홈스 아저씨도 피식 웃었지만, 머리가 아픈지 이내 얼굴을 찌푸렸다.

"이런, 죄송합니다. 아직은 편찮으신 모양인데……. 듣자 하니 홈스 씨를 누군가 층계에서 밀었다던데, 어쩌다 거기까지 가게 되었답니까?"

홈스 아저씨를 대신하여 왓슨 박사님이 대답했다.

"전화를 받았다는군요. 석고붕대를 풀어야 한다며 내려오라고……."

"이상하군요. 아니, 수상한 점투성이예요. 전 석고붕대를 풀자는 소릴 안 했거든요."

그러자 왓슨 박사님이 정형외과 전문의를 재촉했다.

"음, 또 어떤 점들이 수상쩍으시죠?"

"우선, 정형외과 병동에도 석고붕대를 풀 수 있는 방이 따로 있답니다. 굳이 내려갈 필요가 없는 셈이죠. 또 병실에 전화로 직접 연락하는 일도 드물고요. 대개는 병동의 간호사실에서 인터폰으로 환자에 알리죠."

"그렇다면 혹시……"

"에취!"

왓슨 박사님이 홈스 아저씨의 눈치를 보며 대변인 노릇을 할 때, 올리버가 재채기를 했다.

"오, 올리버! 여기 있었구나. 어디 불편한 데는 없고?"

정형외과 전문의의 말에 올리버는 고개를 저었다.

"그래. 그럼 올리버는 특별한 문제가 없는 한 조만간 퇴원하는 게 좋겠다."

드디어 홈스 아저씨가 입을 뗐다.

"저는…… 언제쯤……?"

"허허. 입원해 계시려니 지겨우시죠? 글쎄요……, 이번 수술 때문에 좀 더 계셔야 될 것 같은데……. 그나저나 납치 사건은 어떻게 되어가고 있습니까?"

홈스 아저씨는 입을 꾹 다물었다.

니나가 들려주는 의학 이야기

➕ 수술이란 무엇일까?

　수술이란 피부나 점막 같은 조직을 칼로 째고 병든 부위를 치료하는 것을 말해. 처음에는 신체 외부만 수술을 했기 때문에 외과 시술로 분류되었지. 수술을 하는 이유는 간단해. 피를 멈추게 하거나, 종양을 잘라내고, 상처 부위를 낫게 하는 게 목적이지.
　원시시대에도 다치면 동물처럼 핥거나 진흙을 발라 상처를 아물게 했단다.
　기원전 바빌로니아나 고대 이집트에서는, 의술을 담당했던 성직자들이 불결한 피가 손을 더럽힌다는 이유로 수술을 하지 않았단다. 민중을 치료했던 이발사나 목욕탕 주인 같은 하급 계층의 치료사들이 수술을 맡았지. 반면 인도에서는 귀족 계급이 의술을 독점하여 다양한 수술을 하면서 여러 가지 기구도 고안했어. 코를 베이는 형벌을 받은 사람을 수술

85

하며 축적한 기술은 오늘날까지도 적용되고 있단다.
 근대적 개념의 수술이 가능해진 건 르네상스 이후의 일이야. 미생물에 의한 감염이 알려지면서 소독법이 개발되었고, 이를 통해 수술이 크게 발전할 수 있었어. 또 페니실린 같은 항생물질이나 마취, 수혈, 수액요법이 개발되면서 수술이 일반화되었단다.
 요즘은 병의 제거뿐만 아니라 장기를 대체하는 이식수술도 하고 있어. 다른 사람의 장기를 이식하면 보통 거부반응을 일으키는데, 면역억제제로 이를 조절할 수 있단다. 오늘날 신장이나 간을 이식하는 수술은 많이 시행돼. 하지만 장기 부족이라든지 뇌사판정에 대한 법적·윤리적 문제 등 해결해야 할 과제는 많단다. 그렇기 때문에 동물이나 인공 장기 이식으로 대체되고 있어.
 수술의 방법으로는 기술의 발달로 현미경이나 레이저 광선을 사용하기도 하고, 액체질소로 얼리는 등 많은 특수 기법들이 있어. 앞으로는 수술 분야에서 로봇의 활약이 돋보일 거야. 물론 로봇이 알아서 다 한다는 것은 아니야. 구멍으로 수술 도구와 카메라가 달린 로봇을 넣고, 의사가 모니터를 들여다보며 기구를 움직여 수술하는 방법이야. 이렇게 수술도 과학기술의 발전과 함께 진화하고 있단다.

🏥 안경은 언제 처음 생겼을까?

몸이 천 냥이면 눈은 구백 냥이란 말이 있어. 눈은 비록 작지만 그만큼 사람의 삶에 중요한 역할을 하고 있다는 뜻이지.

안과는 의학의 많은 전문 진료과목 중에서도 가장 역사가 오래되었단다. 기원전에 만들어진 함무라비 법전에는 '눈 수술에 성공하면 큰돈을 받을 수 있지만, 실패하면 두 손을 자른다.'고 쓰여 있어.

고대 이집트의 파피루스에도 많은 눈병이 적혀 있지. 하지만 이때에는 악어의 똥이나 도마뱀의 피를 이용하는 따위의 기묘한 치료가 행해졌어. 2천 년 전 인도에서는 백내장 수술을 했다고 전해지고 있지.

중세까지 영향을 미쳤던 로마시대의 의사 갈렌은 눈을 가장 성스러운 기관이라고 했단다.

19세기 중반, 물리학적 지식을 안경 제작에 적용하면서 안과는 빠른 속도로 발전했어. 《셜록 홈스》를 쓴 코난 도일도 당시 의학 선진국인 오스트리아에 가서 안과 공부를 할 정도였지. 미국에서 가장 먼저 전문학회를 결성하고, 전문의 시험을 실시한 분야도 바로 안과란다. 사람 눈의 각막이식도 비교적 초기에 성공했고.

문명의 발달로 어릴 때부터 가까운 사물을 들여다보게 되면서 근시를 생기게 하는 유전자에 문제가 생겼어. 이처럼 환경의 변화에 따라 많은 사람이 안경을 쓰게 되었단다.

안경의 역사도 기원전까지 올라가지. 처음에는 먼 곳을 관찰하는 데 렌즈와 비슷한 것이 쓰였어. 오늘날 사용하는 안경이 언제부터 쓰였는지는 분명하지 않단다.

중국을 여행했던 마르코 폴로가 그곳 노인들이 안경을 쓴다고 전하고 있지만, 아라비아에서 유래되었다는 주장이 더 일리가 있어. 1280년경 이탈리아의 베네치아가 역사적으로 확인할 수 있는 가장 오래된 안경 제작 장소일 거야.

출동!

어제는 첼로 교습이 있어 병원에 오지 못했다. 첼로를 켜면서도 나는 내내 수사가 어떻게 되어 가는지 궁금해 견딜 수 없었다.

그래서 오늘은 학교가 끝나자마자 병원으로 왔다. 여전히 홈스 아저씨의 병실은 경찰이 지키고 있었다.

병실은 느긋한 오후의 햇살과 바이올린 음악으로 가득했다. 왓슨 박사님은 소파에 기대어 있고, 홈스 아저씨는 돌아앉아 무언가를 하고 있었다.

나는 두 분께 방해가 되지 않도록 고양이처럼 조심조심 발걸음을 뗐다.

갑자기 홈스 아저씨가 내게로 몸을 돌려 돋보기를 들이댔다.

"니나, 왔구나!"

홈스 아저씨의 얼굴이 커졌다 작아졌다 했다.

"깜짝이야! 뭐하세요?"

"니나가 왜 안 오나 생각했지."

"에이, 거짓말!"

하지만 나는, 홈스 아저씨가 예전의 모습을 되찾은 것만 같아 반가웠다.

홈스 아저씨는 들고 있던 돋보기와 핀셋을 치우며 물었다.

"니나야, 혹시 내 노트북 컴퓨터 못 봤니?"

홈스 아저씨는 비닐봉투를 주머니에 넣고는, 목에 건 올리버의 이동저장장치를 만지작거렸다.

"아뇨. 왜요?"

"응, 안 보이네."

홈스 아저씨는 체념한 듯 한숨을 쉬었다.

"할 수 없군. 잃는 게 있으면 얻는 게 있겠지!"

홈스 아저씨는 자세를 고쳐 앉았다. 코끼리 발을 베개 위에 올려놓는 건 여전했다. 다만 수술 후부터는 침대 자체가 앉은 자세로 비스듬히 눕게 되어 있었다.

"있잖아요, 박사님!"

깜빡 졸았는지, 왓슨 박사님이 화들짝 몸을 일으켰다.

"죄송해요. 궁금해서 그만……."

왓슨 박사님은 개의치 말라는 듯 손을 들었다 놓았다.

"뭐, 뭐지?"

"홈스 아저씨가 앉은 자세로 계시는 거 말이에요. 혹시 그것도 다리처럼, 머리의 부기가 쉽게 빠지도록 하기 위한 건가요?"

"그래, 역시 니나는 하나를 가르쳐 주면 열을 안다니까! 니나가 크면 분명 훌륭한 의사가 될 거야."

"에이, 뭘요."

말로만 듣던 런던 경시청의 브라드스트리트 경위가 나타났다. 챙 달린 모자에 정복을 입은, 불곰을 연상시키는 거구의 사나이였다.

"자, 이제 경위도 왔으니 슬슬 출동해 볼까. 올리버도 갈 수 있겠지?"

왓슨 박사님은, 올리버에게 감기 기운이 있어서 가지 않는 게 현명할 거라고 했다.

"음, 올리버도 함께 가면 좋을 텐데……. 아쉽군."

올리버를 챙기는 홈스 아저씨의 혼잣말에 나는 고개를 갸우뚱했다.

브라드스트리트가 자신만큼이나 육중한 철문을 열었다. 병원 지하의 관제실은 공상과학영화에 나오는, 첨단장비로 가득한 진지를 연상시켰다. 병원 구석구석을 비추는 많은 모니터 화면과 전광판이 벽에 가득했다.

작업복을 걸친 직원이 우리를 막으려 했다.

"죄송합니다. 여기는 일반인 출입금지……."

브라드스트리트가 나섰다.

"런던 경시청의 브라드스트리트 경위입니다. 미리 전화 드렸는데……."

앞서 연락을 받았는지 직원의 태도가 금세 변했다.

"아, 네. 이쪽으로 오시죠."

어둑어둑한 구석방에는 모니터만 켜져 있었다. 눈이 적응하여 의자를 발견하기까지는 시간이 걸렸다.

"추락 사고가 있던 날, 녹화 화면입니다."

어둠 속에서 계단을 구르며 떨어지는 홈스 아저씨가 희미하게 보였다. 비상전원이 들어오고, 어디선가 나타난 수녀님이 홈스 아저씨에게 달려갔다. 성경까지 바닥에 떨어뜨리며, 무릎을 꿇어 홈스 아저씨를 돌보았다.

"아니, 범인은 안 쫓고 대체 뭐하는 거지?"

브라드스트리트가 말했다.

왓슨 박사님이 조심스럽게 말을 받았다.

"범인보다는 환자의 생명이 더 중요하죠."

직원이 계속해서 말을 이었다.

"자, 이전 화면을 천천히 돌려 보겠습니다. 전기가 나가자

마자 기다렸다는 듯 범인이 갑자기 나타나는데, 흐릿하게 보입니다. 보시다시피 아주 교묘하게 카메라를 피하고 있어요."

"쩝, 다시 병원 직원들을 조사해 봐야 하나?"

브라드스트리트가 홈스 아저씨의 말을 자르며 짜증내듯 말했다.

"음……, 생각보다……."

홈스 아저씨가 향한 곳은 '의료정보과'였다.

"이보시오, 홈스 선생! 총무과가 아니고?"

브라드스트리트는 직원을 관리하는 총무과를 이야기했다.

홈스 아저씨는 브라드스트리트가 이미 직원들을 조사해 보지 않았느냐고 반문했다.

브라드스트리트는 투덜거리며 의료정보과로 따라왔다.

문이 열린 사무실 앞에서 과장이 전화 끊기를 기다렸다.

통화를 끝낸 과장이 두꺼운 돋보기안경을 밑으로 내리며 물었다.

"무슨 일이시죠?"

브라드스트리트가 말했다.

"최근 총상으로 치료받았던 환자들의 명단을 좀 볼 수 있을까요?"

"그런 건 영장 없이는 안 됩니다."

과장의 단호한 어조에, 브라드스트리트가 주머니를 뒤적거려 꼬깃꼬깃한 서류 한 장을 내밀었다.

과장은 고쳐 쓴 돋보기안경으로 서류를 들여다보고는 얼굴을 찌푸렸다. 그러더니 마지못해 모니터 쪽으로 돌아앉으며, 자료 검색을 위해 물었다.

"총상을 입고 병원에 왔던 환자들의 이름만 있으면 되겠죠?"

"환자들의 성별과 나이, 진료한 과와 병원에 온 날짜 그리고 다음 진료일자. 가능하다면 그들의 직장도…….”

홈스 아저씨가 조목조목 요구했다.

과장은 못마땅한 듯 인상을 쓰며 홈스 아저씨를 한참 째려보았다.

"홈스 씨입니다. 소문은 들으셨겠죠?"

브라드스트리트의 소개에도 과장은 얼굴을 펴지 않았다.

잠시 후, 과장에게서 명단을 받아 본 홈스 아저씨가 씩 웃으며 말했다.

"요구보다 훨씬 적은 정보군요."

과장은 안경을 벗은 채 눈을 지그시 감고 말했다.

"원칙은 원칙입니다. 아까 그 영장은 이번 일과는 무관한 거더군요. 지금 뽑아드린 것도 상당히 편의를 봐 드린 겁니다."

브라드스트리트는 이럴 줄 알았다며 엷은 미소를 지었다.

홈스 아저씨는 의기양양하게 외쳤다.

"좋습니다! 우선은 이것으로도 충분하니까요."

브라드스트리트가 의아한 표정으로 홈스 아저씨를 쳐다보았다.

"아니 그럼, 이 중에 범인이 있단 말입니까?"

홈스 아저씨는 시계를 보고 답했다.

"자, 이제 범인을 잡으러 가겠습니다."

승강기를 기다리는 동안, 브라드스트리트는 홈스 아저씨가 지명한 사람을 조회했다.

"뭐라고? 교통위반 말고는 특별한 기록이 없다고?"

브라드스트리트는 핸드폰을 끊고 중얼거렸다.

"브라운이라? 제이(J). 브라운! 어디서 많이 들어 본 이름인데……, 흔한 이름이라서 그런가?"

"오늘따라 승강기가 더디 오는군."

홈스 아저씨가 다리만 다치지 않았어도 계단을 성큼성큼 뛰어올라갔을 거다.

브라드스트리트는 계속 구시렁거리다 도착한 승강기에 느릿느릿, 그 커다란 몸을 실었다.

'삐!' 중량 초과를 알리는 신호음이 요란하게 울렸다. 브라드스트리트는 뒷걸음질치며 승강기에서 내렸다. 그러자 아무 일 없었다는 듯 승강기 문이 닫히고 부드럽게 움직이기 시작했다. 홈스 아저씨는 문이 닫히기 전, 브라드스트리트에게 1층에서 보자는 말을 남겼다.

'1층이라고? 검은 양복을 입은 남자는 2층에서 타서 지하로 내려갔는데…….'

나는 기고만장인 홈스 아저씨가 헛다리를 짚지나 않을까 왠지 불안했다.

뒤따라 온 브라드스트리트는 홈스 아저씨가 직접 병원 직원들을 조사해 보는 게 어떻겠느냐고 물었다.

홈스 아저씨는 어물어물 말꼬리를 흐렸다.

정형외과 외래에는 늦은 오후인데도 많은 사람들이 있었다. 팔이나 다리에 붕대를 한 환자들도 눈에 띄었다.

"브라운 씨 계신가요? 브라운 씨!"

브래드스트리트가 큰소리로 부르자, 잠바 차림의 한 남자가 손을 들었다.

나는 브라운 씨가 지난번에 본 사람은 아니라는 걸 쉽게 알 수 있었다. 그는 팔이 아닌, 다리에 붕대를 감고 있었다!

"이런 이런, 홈스 선생께서 실수를 다 하시고……."

브래드스트리트는 심술궂은 미소를 지었다.

✚ 동양의학과 서양의학의 특성은 무엇일까?

인류는 오랜 경험을 통해 자연에서 얻은 먹거리가 인체에 어떤 영향을 주는지 알게 되었단다. 어떤 동물이나 식물이 약이 되는지 아니면 독이 되는지 깨달아 슬기롭게 이용하였지. 두꺼비나 딱정벌레, 거미 외에도 여러 가지 식물이 약으로 쓰였단다.

중세 이후 아랍과 서양에서는 여러 물질들을 혼합하여 금을 만들려는 연금술이 유행했어. 결국 금을 만들지는 못했지만, 이를 통해 화학과 의학이 발달할 수 있었어. 그리고 천연 물질이나 미생물에서 약 성분을 밝혀 이를 응용하는 밑거름이 되었지.

의사가 탐정처럼 병과 그 원인을 찾아 치료한다고 했지?

진찰과 검사를 통해 생물학적, 환경적 요인으로 발생한 병의 원인을 밝히는 거야.

서양의학에서는 세균이나 바이러스같이 구체적인 병의 원인을 치료하려고 한단다. 화학이나 공학을 응용하여 약 성분을 뽑아내고 걸러서 치료 효과를 높였어. 해부학에 기초한 수술은 서양의학의 영역을 더욱 넓혔지.

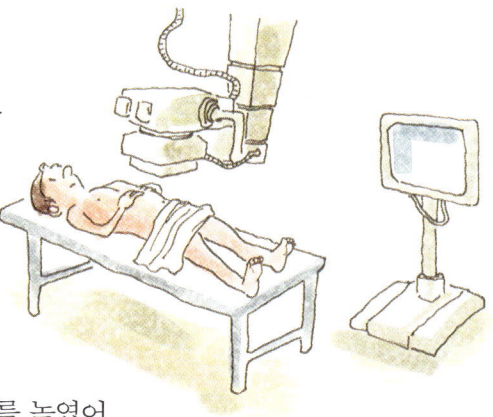

동양의학 중에서 한의학은 '증상'을 치료한단다. 안색을 보고 맥을 짚는 것 같은 한의학적 진단법으로 병의 원인을 추론하여 치료하지.

한의학도 옛날에는 간단한 수술을 했지만, 근대에 이르러 사라졌지. 하지만 자연에서 얻은 것을 그대로 사용하는 한약은 효능을 높이는 데 한계가 있어. 게다가 급성질환이나 출혈, 고열 같이 응급상황에 대처할 만한 효과적인 방법도 적은 편이야. 그래서 한의학은 만성질환이나 고치기 어려운 병의 일부, 질병과 비슷한 증상의 예방이나 치료로 기울었어.

한국 한의학의 독

창적 분야로, 조선 말 이제마 선생의 사상체질 의학이 있단다.

체질의학은 중국 한나라 때의 《황제내경》까지 거슬러 올라가지만 대개는 이제마 선생이 지은 《동의수세보원》에 나오는 사상체질 의학을 말한단다.

유학의 한 갈래인 성리학에서는 사람의 기본적인 성격(성정)이 네 가지라 하였어. 이를 바탕으로 모든 사람을 태양인, 소양인, 태음인, 소음인의 네 종류로 구분하였지. 그에 따라 성격이나 외모, 잘 나타나는 증상 등에 차이가 있다고 보는 거야. 그에 따라 당연히 약의 처방도 달라야 한다고 생각했는데, 실로 시대를 앞서가는 발상이었지.

오늘날 의학은 서양의학과 동양의학이 함께 발달하고 있단다. 서양의학은 주변 학문과 잘 어우러져 19세기 이후 비약적으로 발전하였지. 수혈, 수액요법 등으로 응급 상황이나 급성, 중증질환에 효과적이어서 의학의 주류가 되었단다.

동양의학은 정신을 중시하고 환경과 연관하여 병을 파악하며, 명상과 천연물, 침, 뜸 등으로 치료하지. 서양의학도 한계가 있기 때문에 동양의학을 대체의학으로 보기도 한단다. 앞으로는 동서양 의학이 더욱 발전적으로 어우러지리라 보고 있어.

범인은 바로……

병실로 오는 동안, 홈스 아저씨는 아무 말이 없었다.

올리버에게 가 보려는데, 위안 박사가 무슨 이유에서인지 병실을 찾았다. 하얀 와이셔츠에 철 지난 면바지를 입고 가운을 걸친 차림새였다.

"홈스 선생님, 어째 안색이 안 좋아 보이십니다."

위안 박사가 인사를 건넸지만, 홈스 아저씨는 아무 대답도 하지 않았다.

위안 박사는 홈스 아저씨를 보며 씩 웃어 보이며 말했다.

"누구든 실수하는 거랍니다. 성공보다 실패에서 많은 걸 배우죠. 외과의사였던 토머스 헉슬리도 애매모호함보다는 오류에서 진실을 얻는다고 했죠."

홈스 아저씨는 주위를 잠시 둘러보며 물었다.

"요즘 관제실에서는 병원 곳곳을 생중계하는 모양이죠?"
위안 박사는 미소 지으며 답했다.
"발 없는 홈스만 천 리를 가는 게 아닙니다."
올리버에게 갔다 오니, 병실에는 홈스 아저씨와 왓슨 박사님만 있었다.
퇴원하는 올리버는 어떻게 되는지 왓슨 박사님에게 물었다.
"대개는 치료가 끝나 경과만 관찰하지만, 모두 그런 건 아니야. 질병이나 사고의 후유증이 오래가지 않도록 재활의학과에서 재활치료를 하기도 한단다."
"재활의학? 꼭 재활용처럼 들리네요."
내 말에 왓슨 박사님은 크게 웃었다.
하지만 홈스 아저씨의 예리한 눈에서는 금속성의 차가운 빛이 번쩍이는 것 같았다. 방 안은 바이올린과 첼로의 음악이 서로 감싸며 흐르고 있었다. 바이올린의 섬세하고도 깊이 있는 울림이 인상 깊었다. 이제 가 봐야겠다고 말하기도 미안할 정도로, 홈스 아저씨는 골똘히 생각에 잠겨 있었다.

홈스 아저씨는 바로 다음날, 오뚝이처럼 일어났다. 올리버의 아버지가 아직 가족의 품에 돌아오지 않았다는 사실을 홈스 아저씨는 누구보다 잘 알고 있었다. 홈스 아저씨는 브라드 스트리트에게 영장 발부를 부탁했다.

브래드스트리트는 홈스 아저씨의 청은 뭐든, 아주 신속하게 처리했다. 개인 신용정보처럼 복잡하고 방대한 자료도 거뜬히 구해 주었다. 홈스 아저씨가 사건을 해결하지 못하면, 브래드스트리트 자신의 자존심을 높일 생각인 것 같았다.

말도 안 되는 소리! 나는 홈스 아저씨만이 사건을 멋지게 마무리할 거라고 믿었다.

홈스 아저씨는 다시 총상환자 한 명을 용의자로 지목했다. 런던 교외에 살며 병원에 다니던 재활의학과 환자로, 새로이 원격진료를 신청한 상태였다.

갓 퇴원한 올리버와 나는 홈스 아저씨를 따라 1층에 있는 재활의학과로 갔다. 홈스 아저씨는 모니터 앞에 앉은 재활의학과 의사에게 영장을 제시했다.

오른팔에 붕대를 한 남자가 나타났다.

"저 사람이에요! 아빠하고 차를 같이 탔던 사람!"

올리버의 말에, 홈스 아저씨가 입을 열었다.

"드디어 찾았군. 그럼 이제 올라가 볼까?"

나는 홈스 아저씨와 함께 2층으로 올라갔다.

홈스 아저씨는 위안 박사를 찾아갔다. 위안 박사의 표정은 참담하게 변했다.

"범인은 바로 당신이야!"

뜻밖에도 홈스 아저씨가 지명한 사람은 톰이었다.

위안 박사의 얼굴은 이미 사색이 되어 있었다.

톰은 휠체어에 앉은 홈스 아저씨를 삼킬 듯 내려보았다.

"대체 무슨 소리요? 당신, 날 모함하는 거요?"

홈스 아저씨는 자신만만했다.

"글쎄……, 공범을 대면 부인할 수만은 없을 텐데?"

"공범? 대체 이해가 안 되는 소리만 하는군!"

이렇게 말하긴 했지만 톰은 약간 주눅이 든 듯보였다.

홈스 아저씨는 원격진료 환자를 찍은 사진을 내밀었다.

톰은 당황해하면서도 이내 완강히 부인했다.

"난생 처음 보는 사람이군요!"

"화이버 회사 직원이지. 둘이 만나는 걸 본 사람도 있어!"

"더 확실한 증거는 없습니까?"

야릇한 웃음을 짓는 톰에게, 홈스 아저씨는 무언가 들이밀었다.

"수술을 받고 와 보니, 병실에 두었던 노트북 컴퓨터가 없어졌더군. 대신 나는 머리카락 한 올을 발견했지. 머리카락의 주인공은 공교롭게도 곱슬머리더군, 자네처럼. 물론, DNA도 일치하지!"

위안 박사가 홈스 아저씨에게 건네준 검사 결과를 본 톰은 식은땀을 흘렸다.

홈스 아저씨는 목에 걸고 있던 이동저장장치를 들어 보였다.

"납치된 존스 씨의 것이지. 노트북 컴퓨터까지 없애면 모든 게 사라질 줄 알았지? 천만의 말씀! 이렇게 보조기억장치가 있었으리라곤 꿈에도 몰랐을걸."

홈스 아저씨는 미소를 지으며 톰을 궁지에 몰았다.

"자네가 쓴 그 책, 정말 잘 썼더군. 노트북 컴퓨터를 복구하는 데 큰 도움이 되었지. 그러나 진짜 중요한 게 빠져 있더군. 사이버 윤리, 바로 자네의 양심이야!"

톰은 체념한 듯 고개를 떨어뜨렸다.

니나가 들려주는 의학 이야기

➕ **재활의학이란 무엇일까?**

재활의학은 운동 같은 물리적 방법으로 장애를 치료하고 기능을 회복시키는 분야란다. 사고나 병으로 운동할 수 없게 된 사람을 편안하고 일상적인 삶으로 돌아가게 도와주지.

예로부터 인류는 질병 치료에 온천이나 태양광선 같은 자연요법을 이용해 왔어. 소아마비의 유행과 두 차례의 세계대전으로 재활

107

의학은 크게 발전했단다. 전쟁터에서 부상당한 군인들을 재활시키려는 노력 때문이었어. 재활의학에서는 골절, 화상, 신경손상, 언어장애 등 다양한 질환을 치료하고 있단다.

최근에는 첨단 과학기술이 재활에 이용되고 있지. 입이나 턱을 움직여 작동시키는, 특수장치를 부착한 휠체어를 보았을 거야. 아직은 실험 단계지만 컴퓨터가 척수 손상 환자의 근육에 전기자극을 주어 움직이게 해. 먼 미래에는 〈스타워즈〉에서 볼 수 있었던 인공 팔을 부착하는 것이 가능할지도 몰라.

재활의학은 여러 분야의 전문가들이 팀을 이루어 환자를 돕지. 물리치료사, 호흡치료사, 언어치료사, 작업치료사나 간호사, 기술자 및 사회사업가가 하나가 되어 활동한단다. 재활의학 전문의는 이들과 함께 환자를 진단하고 분석하여 치료하는 거야.

✚ 법의학이란 무엇일까?

법의학은 의료에 관련된 법적 문제를 연구하고 해결하는 응용의학이란다.

일반적으로 법의학에서는 어떻게 죽었는지를 밝혀 의학적 판단을 한단다. 죽은 직접적인 이유나 죽은 시간 등을 알아내는 것이 주된 업무지만, 죽은 사람만을 다루는 것은 아니야. 범죄나 사고의 피해

자가 부상으로 치료받을 때, 증거를 수집하고 법의학적 판단 등을 하지.

 법의학에서는 최근 눈부시게 발달하는 분자생물학적 방법들도 이용하고 있단다. DNA로 죽은 사람의 신원을 확인하고, 범인을 추적하는 거지. 유전자는 비록 유골일지라도 분석할 수 있기 때문에 완벽한 증거가 되어 오래전 사건도 수사할 수 있게 해.

 국민의 기본권 보호와 사회질서를 유지하기 위해 범죄를 예방하고 범인은 꼭 체포해야겠지. 그리고 억울한 누명을 쓰지 않도록 인권을 보호하는 것도 법의학자들의 사명이란다. 마약 관리, 가정폭력 상담 등을 포함한 다양한 분야에서 법의학은 더욱 발전하리라 기대한단다.

명탐정 홈스 아저씨

홈스 아저씨의 명성은 더욱 높아졌다. 입원한 상태로 마음껏 움직일 수도 없었지만 런던 교외에 납치되었던 올리버의 아버지를 찾아낸 덕이었다. 여전히 풀지 못한 홈스 아저씨의 석고붕대는, 더 사인할 곳을 찾기 힘들 정도였다.

홈스 아저씨는 병원 정원에서 목발을 짚고 재활의 구슬땀을 흘리고 있었다.

나는 아직 궁금한 점이 많았다.

"아저씨, 어쩌다 그렇게들 끔찍한 일을 벌였대요?"

"내가 병원에서 범인을 쫓다 다쳤다고 한 말, 기억나니?"

"그럼요!"

나는 그날을 절대 잊을 수 없었다.

"다치기 전에, 나는 정보기관이 의뢰한 제약산업의 스파이 사건을 맡고 있었단다. 처음엔 간단할 것 같았는데 아니더구나. 그날 나는 이 병원에 몇 시간 동안이나 잠복했었지. 그때도 톰을 본 것 같은데……, 조사하면 다 나와!"

홈스 아저씨의 개그맨 흉내에 나는 그만 웃고 말았다.

따뜻한 시선으로 나를 보는 동안, 홈스 아저씨는 말을 멈추었다. 목발을 내려놓고는 나란히 정원 벤치에 자리를 잡았다.

"나는 그날 범인으로 짐작되는 사람을 미행하다 들키고 말았어. 눈치 챈 용의자가 뛰기 시작했고 나도 같이 뛰었지. 여간해선 그러지 않았을 텐데, 피곤했던지 작은 충격을 받았는데도 이렇게 병원 신세를 지고 말았구나."

"아하, 그렇구나!"

나는 고개를 끄덕였다.

"화이버 회사는 사회봉사 차원에서 이 병원에 적잖은 기부를 했어. 그래서 병원은 인간유전체 사업처럼 돈이 많이 드는 연구를 할 수 있었단다. 하지만 회사 사정이 나빠지면서 일부 직원들이 정보가 돈이라는 점을 악용했어. 톰도 가담했지. 브라드스트리트가 가져다 준 개인 신용정보를 보니, 톰은 신용불량자가 되기 직전이더군. 정보를 지켜야 할 사람이 도리어 그걸 빼내는 일을 한 셈이야."

작은 새 한 마리가 날아와 맞은편 벤치에 앉았다. 호기심 어린 눈으로 홈스 아저씨를 바라보는 것 같았다.

"화이버 회사는 농약에서 비료, 의약품까지 만드는 다국적 기업이야. 제약산업의 스파이 사건을 맡은 나나, 환경운동가인 존스 씨가 관심을 가질 만한 공룡이지.

존스 씨는 해킹으로 유전자정보가 노출되고 있음을 알게 되었단다. 문제는 해킹당했다는 사실을 알 정도의, 아니 역공격할 수 있는 고수가 화이버 쪽에 있었다는 거야. 바로 이 점이 컴퓨터 프로그래머인 톰을 더 강력한 용의자로 생각하게 만들었단다. 물론 처음에는 위안 박사도 의심했었지. 하지만 의사로서 그는, 환자의 비밀을 지키겠다는 히포크라테스 선서를 충실히 따를 위인이었어."

복잡하게 뒤엉킨 실타래에서 실마리를 찾은 홈스 아저씨의 두 눈이 반짝였다.

"올리버의 집에 도둑이 들었는데 컴퓨터만 없어졌다는 것이 내가 찾은 첫 단서란다. 존스 씨 납치처럼 비밀이 탄로날까 봐, 회사 직원들이 한 짓이지만."

가볍게 기침을 한 홈스 아저씨는 일어서면서 목발을 잡았다.

나는 홈스 아저씨에게 물었다.

"그렇다면 아저씨, 톰의 공범이 총상을 입었다는 건 어떻게 아셨어요? 왜, 올리버 아버지를 납치한 사람 말이에요!"

홈스 아저씨는 아무렇지도 않은 표정으로 대답했다.

"올리버와 니나가 승강기에서 검은 양복을 입은 남자를 보았다고 했지? 팔에 붕대를 하고 있었다는 사실로도 미루어 알 수 있었단다."

목발을 짚고 병실로 향하던 홈스 아저씨가 눈살을 찌푸렸다. 턱이 진 계단이 나타나자, 그 옆의 비탈길로 돌아갔다.

"브라드스트리트가 좀 틱틱거리기는 해도 일은 꼼꼼하게 하는 편이지. 그런 그가 병원 직원들을 조사해 별로 건진 게 없었단다. 행동의 제약으로 '원격수사'를 해야 했던 나로서는 다른 접근이 필요했어.

아무튼 총은 아주 무서운 흉기란다. 군인들도 총 다룰 땐 무척 조심하지. 어설픈 회사원들이 영화처럼 총 들고 설쳤으니……. 응급센터, 외상 클리닉이 잘 되어 있는 이 병원에 온 거지. 재활의학? 재활용! 너무 무리했나?"

홈스 아저씨는 미소 지었다. 그 뒤로 런던이 한눈에 들어온다는 런던 아이*가 풍차처럼 돌고 있었다.

승강기로 향하는데, 로비는 전시회 마치고 정리하느라 부산했다.

병실에는 홈스 아저씨를 기다리는 사람이 있었다.

"홈스 선생님, 안녕하십니까?"

브라드스트리트가 소파에서 일어나 꾸벅 인사했다.

"바쁘실 텐데 어쩐 일로……."

* 런던 아이(London Eye) : 풍경을 보기 위해 만든 거대한 놀이기구의 하나.

"경호하던 경관을 보내셨다기에 걱정이 되어서요. 혹시라도 선생님께 대접이 소홀해서 그러셨는지……?"

어색한 웃음을 지으며 브라드스트리트가 말끝을 흐렸다.

홈스 아저씨는 유쾌하게 웃었다.

"하하하! 별일 아닌 걸 갖고……. 그야 사냥이 끝났으니 그랬소만!"

창밖으로는 런던을 안고 유유히 흐르는 템스 강이 눈에 들어왔다.

니나가 들려주는 의학 이야기

✚ **의사의 하루를 알아볼까?**

병원에서 일하는 의사들은 각자의 위치에 따라 하는 일이 조금씩 다르단다. 각각의 전문 분야에는 전문의뿐만 아니라, 전문의가 되기 위해 수련을 받는 전공의도 있어.

흔히 인턴, 레지던트로 알고 있는 전공의는 영국과 미국의 제도였는데 이제는 세계적으로 보편화되었단다. 전공의는 의사로서 생명을 다루는 책임을 가지고 임상 실기를 익힌단다. 주당 100시간이 넘는 힘든 근무와 잡다한 업무 등 개선해야 할 점은 많지. 중도에 수련을 포기하는 전공의도 더러 있지만, 교육환경은 조금씩 개선되고 있어. 무엇보다 말 없이 자리를 지키는 대부분의 전공의들 덕분에 의학의 미래는 밝아.

그럼 레지던트의 하루 일과를 들여다볼까? 새벽같이 출근해서 아침 회진과 수술 준비로 하루를 시작한단다. 전문의와 회진을 돌며 부족한 점을 보완하지. 때로는 학술 모임에 참석하여 지식을 넓히기도 해. 외과 레지던트는 수술실에 들어가 수술을 돕고, 내과 레지던트는 환자 검사나 처치를 하지. 퇴원 환자의 정리와 입원 환자 진찰, 회진 준비와 수술 환자 확인을 하다 보면 하루가 정신없이 지나가. 당직을 할 때는 응급실을 찾는 환자나 병동 환자를 보고, 응급 수술에 참여하기도 해. 당직이 아니더라도 발표 준비라든지 논문 작성 등으로 일찍 퇴근할 수는 없단다.

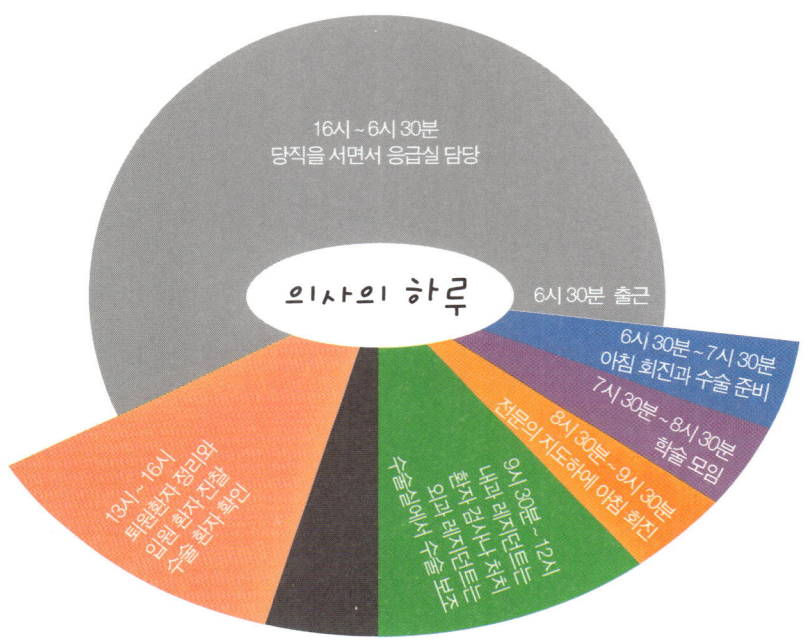

➕ 미래에는 의사의 역할이 어떻게 바뀔까?

구텐베르크가 개발한 인쇄술의 발전으로 출판이 활발해진 덕분에, 오늘의 우리는 지식정보사회에 살고 있단다. 미래에도 지식과 정보는 꼭 필요한 자산이야. 가장 먼저 전문화한 의사는 여전히 중요한 위치에서 다양한 역할을 하리라 본단다.

환자들도 병이나 건강에 대해 텔레비전이나 인터넷 등 여러 매체를 통해 스스로 알 수 있어. 물론 이러한 정보들이 바로 '그 환자'에 적합한지에 대한 여부는 별개의 문제지. 게다가 인터넷 정보의 상당 부분이 잘못된 지식이라는 보고마저 있단다. 수많은 정보를 정리하여 '그 환자'에게 적용하는 일을, 바로 의사가 하게 될 거야.

미래에는 정보통신 기술의 발달로 원격진료도 늘고, 많은 첨단 의료기술이 등장할 거야. 이미 병원에는 부분적으로 수술을 돕는 로봇이 들어와 있어. 컴퓨터가 다양한 인체를 학습하는 데에는 한계가 있어. 다른 분야와 마찬가지로 로봇이 완전히 의사를 대신할 것 같지는 않구나.

세상은 더욱 복잡하고 좁아지겠지만, 사람들은 도리어 외로워질 거야. 그러다 병마저 걸린다면, 친구처럼 도와줄 사람을 찾게 되지. 한 훌륭한 의사의 동상에는 다음과 같은 글귀가 적혀 있다고 해.

'가끔 치료하고, 자주 도와주고, 언제나 위로한다.'

어느 시대, 어떤 사회에나 동반자 역할까지 훌륭히 감당해 내는 의사가 필요할 거야. 따뜻한 말 한마디가 보약이 되어 환자에게 희망과 용기를 줄 수 있지. 반면에 무심히 뱉은 말이 독이 되어, 환자와 보호자를 죽음의 길로 몰 수도 있단다.

미래에도 지성뿐만 아니라 따뜻한 감성을 가진 의사가 더욱 필요할 거야.

나도 의사가 될 거야!

와우! 이야기를 들은 어린 올리버의 눈은 초롱초롱해졌다.

"선생님의 친구 올리버는 지금 무슨 일을 하나요?"

"올리버도 나랑 대학에서 생물학을 전공했단다. 올리버는 생물학에 더 흥미를 느껴 지금 박사 과정을 밟고 있지. 나는 의학전문대학원에 진학하여 의사가 됐단다. 사건을 통해 나도, 올리버도 생물학이나 의학이 얼마나 멋진 분야인지 깨달았지."

나는 말하고 나서 어린 올리버에게 눈을 찡긋했다.

"선생님, 의사가 되려면 어떻게 해야 하죠? 제 꿈도 의사거든요."

맙소사! 나는 이마를 짚었다. 친구 올리버도 예전에 왓슨 박사님에게 똑같은 질문을 했었다. 그것은 바로 내가 묻고 싶었던 것이기도 했다. 나는 왓슨 박사님이 했던 것처럼, 어린 올리버에게 차분히 설명해 주었다.

"의학전문대학원에서 열심히 공부해야겠지. 무엇보다 훌륭한 의사가 될 수 있는 바람직한 자세를 갖추는 게 더 중요해."

무슨 소린지 잘 모르겠다는 표정으로 어린 올리버가 나를 쳐다보았다.

"음······. 생명의 소중함을 깨달아 양심에 따라 봉사하며, 인도주의를 실천하는 거야."

"그건 또 무슨 소린데요?"

나는 어린 올리버의 볼을 살짝 꼬집어 주었다.

"그건 그렇고, 올리버! 다리가 많이 아프니?"

나는 어린 올리버의 다리를 만져 보았다. 많이 부어 있었다. 나는 다리를 들며 다시 물었다.

"자, 이렇게 하면?"

어린 올리버는 비명을 질렀다.

"아! 아파요."

진료를 마친 후, 나는 올리버의 부모를 찾아 말했다.

"그리 걱정하지 않으셔도 될 것 같습니다."

나는 올리버의 머리맡에 있는 모니터를 켰다. 대퇴골과 종아리뼈의 사진을 화면에 띄워, 부위를 가리키며 설명했다.

"자, 보시면······, 이 나이 또래에 교통사고를 당하면 주로 무릎 부위를 다칩니다. 올리버도 마찬가지고요. 중요한 건 성장판*이 다치지 않았나 하는 건데요, 제가 보기엔 괜찮을 것 같습니다. 하지만 입원해서 정밀검사를 받아야만 합니다. 오늘은 우선, 석고붕대를 할 거예요……."

병원의 밤은 또 그렇게 지나고 있었다.

의학에 대해
더 알고 싶은 것

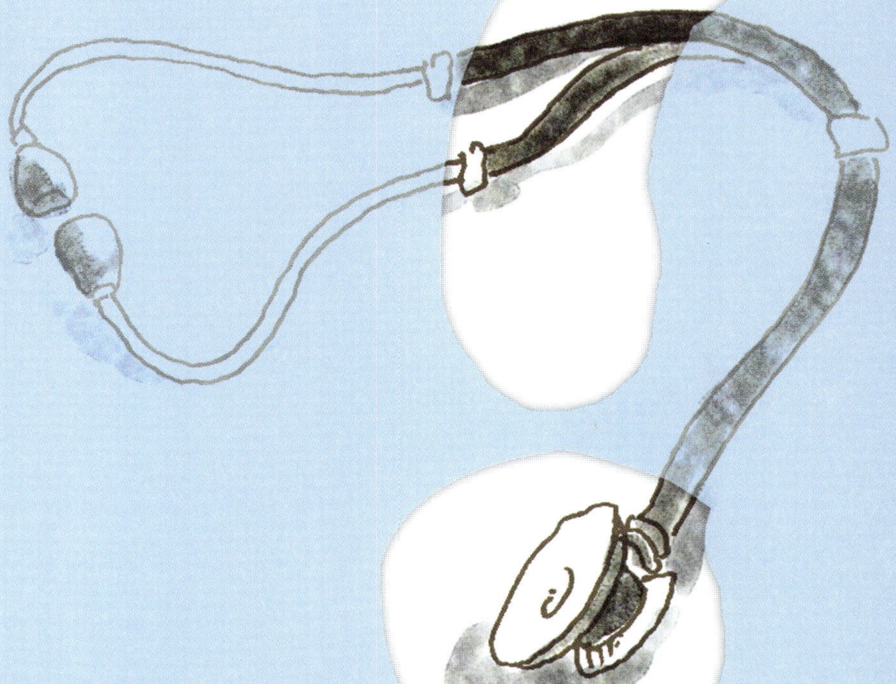

✚ **병원에 흰색이 눈에 많이 띄는 이유는 무엇인가요?**

　간호사를 '백의의 천사'라 하듯, 의사나 간호사는 주로 '흰 가운'을 입고 있단다. 자유분방한 외국에 비해, 우리나라 의사들은 더운 여름에도 갑옷같이 긴 흰색 가운을 입지.

　요즘 병원들은 귀신이나 죽음을 연상시키는 흰색에서 벗어나려 한단다. 노랑이나 분홍으로 병실을 마감하고, 재미난 캐릭터 가운을 입는 것처럼.

　수술실에서는 흰색 대신 녹색 가운을 주로 입는단다. 피를 보면, 흰색이 하늘색으로 어른거리는 착시현상을 일으키거든. 그래서 눈이 쉬 피로해지는 빨강의 보색인 초록을 쓰는 거야. 파란 잔디를 보거나 숲을 거닐 때처럼 초록은 안정감을 주거든.

✚ **엑스선 사진과 숨은그림 찾기**

　의사들이 엑스선 사진을 '읽는' 것은 숨은그림 찾기와 같아. 엑스선 영상은 점과 선으로 이루어져 있으며, 대개 흑백사진이거든. 흰색, 검은색, 회색을 전문가는 수십 가지로 나누지. 해부학에 대한 지식과 질병에 대한 정보 그리고 감각이 어우러져 질병을 찾는 거야.

✚ 청진기는 언제부터 사용했나요?

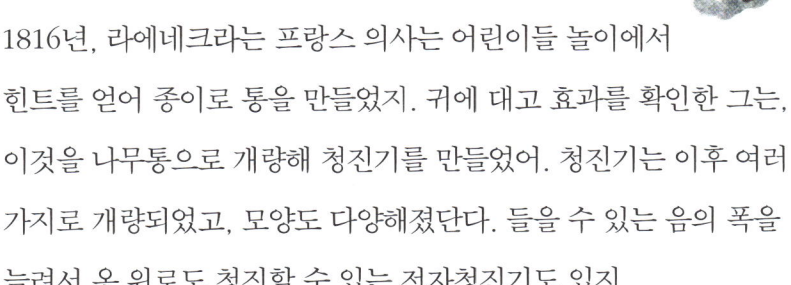

청진기는 몸속, 그 중에서도 주로 심장과 폐에서 나는 소리를 듣는 기구란다. 고대 그리스의 히포크라테스는 환자 몸에 직접 귀를 대고 진찰을 했대. 1816년, 라에네크라는 프랑스 의사는 어린이들 놀이에서 힌트를 얻어 종이로 통을 만들었지. 귀에 대고 효과를 확인한 그는, 이것을 나무통으로 개량해 청진기를 만들었어. 청진기는 이후 여러 가지로 개량되었고, 모양도 다양해졌단다. 들을 수 있는 음의 폭을 늘려서 옷 위로도 청진할 수 있는 전자청진기도 있지.

'요즘 젊은 의사들은 청진기도 들을 줄 모른다' 며 나무라는 선배 의사들이 있어. 옛날보다 청진기가 덜 중요해서 적게 사용할 뿐더러, 정보를 얻는 방법이 다양해졌기 때문이야.

앞으로는 소리를 녹음, 저장하고 분석할 수 있는 청진기도 나올 거야. 200년 역사의 청진기가 앞으로 어떻게 발전할지 기대된단다.

✚ 주사기는 왜 필요할까요?

주사기는 어린이뿐만 아니라 어른들에게도 공포의 대상일 거야. 왜 아픈 주사기를 만들었을까? 그 이유는 모든 약을 먹을 수 있는 것도 아니고, 먹는 약은 효과에 한계가 있기 때문이지.

주사기는 19세기 중반 한 프랑스 의사가 개발했단다. 초기에는 유리로 주사기를 만들었고 크롬으로 된 주사 바늘을 사용하였지. 주사액의 양이 많을수록 굵고 긴 주사기를 쓴단다. 피스톤을 이용해 주사액을 빨아들이고 내놓지. 주사 바늘은 주사액을 빨아들이기 쉽게 그 끝이 경사지게 잘려 있단다. 바늘의 길이는 보통 3센티미터 정도지만, 특별히 긴 것도 있어.

요즘은 감염을 예방하기 위해 1회용 플라스틱 주사기를 사용한단다. 그리고 주사 바늘 없이 주사액이나 백신을 투여할 수 있는 장치도 개발되어 있지. 약물을 효과적으로 투여하는 방법은 여러 모로 연구되고 있으며, 앞으로 더 발전할 거야.

✚ 발을 제2의 심장이라 부르는 이유는 무엇일까요?

키가 5미터나 되는 기린의 머리까지 피를 공급하기 위해서는 튼

튼한 심장이 필요해. 사람도 마찬가지로 발로 온 피가 중력을 거슬러 돌아가려면 거기에 맞는 심장이 필요하단다. 이때 건강하지 않은 발은 혈액순환에 장애를 줄 거야. 발을 제2의 심장이라고 하는 이유 중 하나란다.

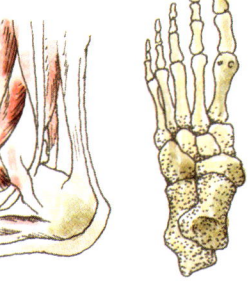

　발은 26개의 뼈와 많은 근육, 인대, 신경 등으로 이루어져 있어. 추우면 발부터 시린 것처럼, 겉모습과는 달리 아주 예민한 곳이지.

　몸을 지탱하는 발은 하루에 5,000보 이상, 평생 10만 킬로미터가 넘는 거리를 걷지. 몸무게가 60킬로그램이라면, 발은 하루에만 300톤이 넘는 부담을 받는 셈이야.

　건강하지 못한 발은 무릎이나 허리마저 아프게 할 수 있어. '잘못된 신발'이나 나쁜 보행 습관 등이 몸 전체에 영향을 준단다. 폭이 좁은 뾰족 신발이나 굽이 높은 하이힐, 바닥이 너무 딱딱한 신발은 피하는 게 좋지. 발뒤꿈치·발바닥·발끝 순서로 걷는 '삼박자 보행'을 하도록 의도적으로 신경써야 해.

　작은 근육들로 이루어진 발은 쉽게 피로해지므로, 그때그때 피로를 풀어 주어야 한단다. 걷기운동은 발 근육을 발달시키기 때문에 쉬 지치는 것을 막아 주지. 냄새나 무좀 등 발에 대한 선입견을 버리고 손처럼 정성들여 가꾸어야 한단다. 발뒤꿈치처럼 피부가 갈라지기 쉬운 곳은 로션으로 관리하는 게 좋아.

➕ 삐끗했을 땐, 왜 붓죠?

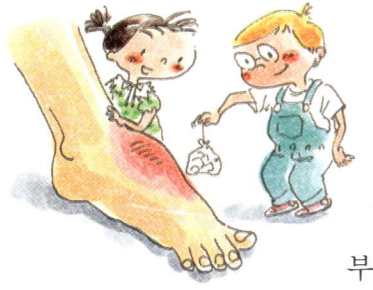

발목이나 손목이 삐거나 부러질 때, 혈관도 같이 손상 받는단다. 혈액순환이 원활하지 않아 피가 심장으로 제대로 돌아가지 못하여 붓는 거지.

부기를 가라앉히려면 삔 데를 움직이지 않게 휴식을 취하고, 얼음찜질과 압박을 해야 해. 그리고 발을 올려야 하고.

➕ 수술할 때 마취를 꼭 해야만 하나요?

의학이 발달하면서 수술 받을 때의 통증이나 정신적 충격이 문제가 되었단다. 그렇게 아픈 걸 참으며 수술 받느니 차라리 죽겠다는 환자도 있었으니까.

앞에서 말한 것처럼 선사시대에도 수술이 행해졌단다. 발굴된 구멍 뚫린 두개골을 보면, 수술 후에도 뼈가 자랄 만큼 오래 살았다는 것을 알 수 있지. 이때는 고통스러운 수술을 어떻게 받았을까? 아편 같은 마약이나 환각을 일으키는 식물을 사용하거나 기절시켰을 거야.

근대에 들어서도 여전히 술이나 기절시키기, 최면술 따위가 쓰였지. 효과가 미심쩍어서 의사들이 수술을 빨리 끝내는 것이 최상의 방법이었단다.

오늘날과 같은 마취가 가능해진 것은 19세기 이후 화학이 발달한 덕분이란다.

마취는 크게 전신마취와 부위마취로 나눌 수 있어. 그림처럼 마

취가스를 호흡기로 주입하는 것이 전신마취란다. 부위마취는 평상시와 같이 의식을 유지할 수 있는 장점이 있어. 마취과 의사가 여러 상황을 고려해서 환자에게 제일 안전하고 편안한 방법을 택한단다.

✚ 혈액형에 얽힌 진실

사고나 수술로 피를 많이 흘리게 되면 수혈로 보충한단다. 적합한 혈액을 찾아 안전하게 수혈할 수 있기까지 많은 시간과 희생이 따랐어. 오스트리아 출신의 의학자 란트스타이너가 혈액형을 발견했는데, 이건 노벨상을 받을 만한 업적이란다. 혈액세포의 표면에는 많은 구조물들이 있어. 적합하지 않은 피가 들어오면 이들이 뭉쳐 생명까지 앗아가는 심한 부작용을 일으킨단다.

아무런 관계가 없는 혈액형과 성격을 자주 연관시키는데, 이는 사이비과학에 불과해. 성격은 환경이나 유전적 요인, 생물학적 요소, 특히 두뇌와 같이 복합적인 것들에 영향을 받는단다. 타고난 혈액형은 고정되지만, 성격은 변하거든. 혈액형별 성격이란 글을 잘 읽어 보면 애매한 표현들이 대부분이야.

특히 이것은 우생학이라는 잘못된 생각에 뿌리를 두고 있지. 찰스 다윈의 사촌인 프란시스 골턴은 사람의 유전을 연구했단다. 런던 대학의 골턴 유전학 연구소가 바로 그를 기념한 것이지. 그는 유전학이 사람들의 모든 차이를 설명해 줄 거라고 믿었어. 범죄자나 가난뱅이는 생물학적으로 열등하다고 보았단다. 그래서 가난뱅이, 범죄자, 지능이 낮은 사람은 아이를 못 낳게 하고, 부자나 권력자는 더 많이 낳도록 권했단다.

우생학은 부와 권력을 가진 사람들에게 큰 인기를 얻었지. 사회 문제를 유전자 탓으로 돌릴 수 있었기 때문에 편리했단다. 미국에서는 사회규범을 따르지 않는 사람들을 박해하는 데 썼어. 범죄자, 정신질환자, 저능아 그리고 공산주의자를 유전학적으로 열등한 사람이라고 분류했어. 그러고는 강제로 아이를 못 낳게 했는데, 그 희생자가 수천 명에 이르렀단다.

우생학은 히틀러가 유대인을 학살하는 근거도 되었지. 이때 혈액형을 성격과 연관시키며 많은 잘못된 정보들을 만들어 냈는데 이것이 독일의 우방이었던 일본에 의해 동양에 소개되었지.

혈액형과 성격의 연관은 과학적인 사실을 밝힌 게 아니라, 자신들의 편견을 합리화한 것에 불과해. 요즘은 사람의 심리를 교묘하게 이용하는 상업주의적 색채마저 짙단다. 단순히 재미로 보는 것 치고는 그 기원이나 의도가 끔찍하지? 재미로 보는 것이라면 모르지만 혈액형과 성격이 관련 있다는 비과학적인 생각은 이제 버리는 게 좋겠어.

➕ **항생제**

　항생제의 개발은 의학 발전에 큰 밑거름이 되었단다. 감염에 속수무책이던 인류에게는 희소식이었지.

　항생물질은 주로 미생물에 의해 생성되는데, 세균이나 그 밖에 미생물의 활동을 억제한단다. 푸른곰팡이가 배양액에서 잘 자라던 세균의 증식을 억제하는 것을 플레밍이 발견하여 이를 연구했어. 그리고 그 성분인 페니실린이 세균 감염을 억제하는 데 큰 효과가 있자, 이를 대량생산하여 치료에 혁명을 일으켰단다. 이후 과학자들은 세균이 일으키는 질병을 치료하는 여러 종류의 페니실린이나 항생제, 항결핵제 등을 개발했어.

　항생제는 의사의 처방으로 부작용이 일어나지 않게, 병이 나을 때까지 투여해. 요즘은 약물의 치료 효과를 감소시키는 내성균의 출현이 문제란다. 항생물질로 병을 일으키는 세균은 죽어 가지만, 일부 세균이 살아남아 증식하거나 유전자 교환을 통해 다른 세균에게 내성을 전이시키기도 하지. 이들은 결국 항생물질로 치료할 수 없는 세균 감염을 일으킨단다.

　모든 균을 항생제로 죽일 수 있는 것도 아니란다. 세균이나 진균(곰팡이) 감염은 항생물질로 치료할 수 있으나, 바이러스 감염은 이러한 약으로도 치료하기 힘들어. 감기나 후천성면역결핍증 같은 바이러스 감염은 바이러스가 주로 세포 내에서 증식하기 때문에, 죽이는 데 한계가 있어. 게다가 주기적으로 변형을 일으키며 많은 변종을 만드는 것도 항바이러스제 개발의 어려운 점이란다. 사실 감기 걸렸을 때 먹는 약들은 증상을 가볍게 해 줄 뿐이야.

✚ 마음에도 병이 드나요?

중세에는 정신질환을 마귀에 씐 것으로 보았단다. 치료만큼은 수백년 동안 인도적으로 이루어졌지만, 중세의 마녀사냥처럼 차츰 변질되어가기도 했어.

정신병원이 생기면서 정신질환에 대한 연구로 병의 분류와 치료가 발전했단다. 오스트리아의 정신과 의사인 프로이트와 그 동료들이 정신분석 이론을 세우면서 현대 정신의학의 새 지평을 열었지.

오늘날에는 많은 정신병을 뇌의 비정상에 의한 생물학적 질병으로 생각해. 즉 마음에서 두뇌의 병으로 옮겨간 거야. 1950년대에 발견한 향정신성 약물로 환자를 회복시켜 사회로 돌아오는 데 큰 도움을 주고 있단다. 증상들을 묶어 진단을 내리는 새로운 접근법이 나오고, 생리학이나 유전학 연구도 도입되었지.

정신과 의사는 생물학적, 심리적 그리고 환경적 영향을 모두 감안하면서 환자를 치료한단다.

✚ 환경이 변하면서 새롭게 등장하는 질병도 있나요?

모든 생명체는 자연의 선택을 받으며 끊임없이 진화한단다. 그렇다고 진화가 건강하고 완벽한 생명체만을 선택하는 것은 아니야. 만물의 영장이라는 인간이 많은 질병에 시달리는 것만 봐도 알 수 있지. 강자만이 살아남는 게 아니고, 적응하여 살아남은 게 강자일 뿐이야.

고대의 인류는 수백만 년 동안 작은 집단을 이루며 수렵채취 활동을 하는 생활에 적응해 왔어. 이후 시대가 바뀌어 풍부한 음식이라든지 난방과 같은 겪어 보지 못한 환경에서는 당연히 새로운 질병이 나타날 수 있어.

그동안 인류는 세균이라든지 기생충 같은 감염성 질환에 시달려 왔어. 전염병이 한번 휩쓸고 가면 인구가 줄어드는 악순환이 반복되곤 했지.

의학의 발달로 전염병을 어느 정도 조절할 수 있게 되자, 고혈압이나 당뇨, 암과 같은 만성질환이 늘었단다. 문명의 발달로 발암물질 같은 여러 유해물질이 증가하였고, 진단기술의 발달로 전에는 볼 수 없었던 병도 찾아냈지.

어린이에게 많이 생기는 아토피도 옛부터 태열이라고 알려져 있기는 했지만, 지금은 전 국민의 30퍼센트가 환자일 정도로 흔하단다. 물론 아토피 소인(알레르기 체질)이라 하여 가족적 성향이 있기는 하지만. 여기서 알레르기란 원래는 약간 다른 반응이란 뜻이야. 보통은 그렇게까지 반응하지 않지만 알레르기 체질인 사람은 조금 심한 증상을 보이지.

아토피는 도시화라든지 공해와 환경오염 그리고 경제발전 등과 관련이 있단다. 아파트같이 단열이 잘 되는 곳은 피부가 건조해지기 쉬워서, 증상도 일어나기 쉽지.

세균이나 곰팡이에 의한 감염, 먼지나 집먼지진드기, 동물의 털과 비듬, 꽃가루 등이 병을 일으킬 거야. 응애라고 불리던 집먼지진드기가 가장 큰 문제인데, 사람의 피부에서 떨어진 비듬과 각질을 먹이로 하기 때문이야. 가장 좋은 서식 환경도 생활하기 적절한 온도를 가진 아파트 같은 장소야.

아토피성 질환은 비염이나 천식 같은 다른 알레르기성 질환으로 진행하는 경향이 있어서 적절히 관리하지 않으면, 소아과 환자가 나중에는 알레르기내과 환자가 된단다.

아토피를 예방 또는 치료하기 위해서는 실내온도를 조금 낮추고 진공청소기로 자주 청소하는 것이 바람직하단다. 경우에 따라서는 애완동물이나 식물이 병을 악화시킬 수 있으므로 전문의와 상의해 보는 것이 좋지.

지구 온난화도 곤충을 매개로 하는 질병을 증가시키고 있어. 예전에는 추워서 모기가 서식하기 좋은 환경이 아니었는데, 온난화로 말라리아나 웨스트 나일 바이러스 등이 북쪽으로 이동하고 있지. 멕시코 만 해역의 비브리오 패혈증을 일으키는 세균도 추운 발트 해까지 확산될 정도거든.

최근에는 중증급성호흡기증후군(사스, SARS)이나 조류독감(조류인플루엔자, AI)처럼 다른 동물의 병이 사람에게 전파되어 문제를 일으키고 있단다. 예전에는 종류가 다른 생물에 기생하거나 병을 일으키는 것은 어려우리라고 생각했었어. 그렇지만 교류가 빈번한 국제화 시대에, 다른 지역의 질병이나 동물의 병이 우리에게 옮는 일이 더욱 흔해질 것이고, 문제는 더 심각해질 수 있어.

✚ 의사가 되려면 어떻게 해야 하죠?

의사가 되려면 먼저 의과대학에 입학하여 정해진 과정을 마쳐야만 한단다. 나라마다 조금씩 다르지만, 우리나라는 예과 2년에 본과 4년인 6년제지.

왜 4년제인 다른 학과와는 달리 의과대학은 6년이나 되냐고? 의사는 사람의 생명을 다루는 만큼, 다양한 인문학적 소양도 갖추도록 하기 위해서야. 본과 4년 동안 기초의학과 임상의학을 2년씩 공부한단다. 기초의학은 의학의 과학적 기초가 되는 해부학, 생리학, 생화학, 병리학, 약리학, 미생물학 등이지. 환자를 진료하는 내과, 외과, 소아과, 산부인과, 정신과 등이 임상의학이란다. 대개 임상의학은 이론과 임상실습을 1년씩 하지.

이러한 전통적인 교육과정도 장기 중심의 통합 교육과정으로 바뀌고 있단다. 예를 들어 소화기라는 장기를 중심으로 해부학, 조직학, 생리학, 병리학, 약리학 등의 기초의학은 물론 영상의학, 진단검사의학, 내과, 외과, 치료방사선학까지 공부하지. 주입식 교육을 벗어나 구체적인 사례와 토론으로 스스로 문제해결 능력을 깨치는 문제 바탕 학습도 도입되고 있어. 하지만 구체적인 학습 효과에 대해서는 아직도 의견이 엇갈린단다.

사실 늘어나는 의학 지식을 배우기엔 6년도 짧아. 일반 대학을 졸업하고 의학전문대학원에서 다시 4년을 공부하는 방식으로 바꾸는 이유도 이 때문이야. 앞으로는 몇몇을 제외하고 미국의 경우처럼 대부분 8년제가 되리라 생각해.

의과대학을 졸업하고 의사시험에 붙으면, 의사자격증을 받는단다. 달랑 의대만 나와 개업하는 의사는 찾아보기 힘들어. 공부를 할수록 배워야 할 게 많고, 새로운 지식을 계속 흡수해야 의사로 바로 설 수 있기 때문이야. 전문과에 들어가 다양한 인간관계를 형성하고 도움을 주고받는 것도 큰 장점이지.

인턴 1년 동안 여러 과를 돌며 의사로서 기본적인 일과, 배운 지식을 임상에 적용한단다. 더불어 앞으로 전공할 과를 결정하게 되지. 대개 4년의 레지던트 과정(가정의학과와 예방의학과는 3년)을 통해 전공과를 수련하며 공부한단다. 앞으로 의학전문대학원이 정착되면 교육과정이나 수련 기간 등을 고쳐야 한다고 생각해.

전공의 과정을 마치고 시험에 합격하면 전문의가 된단다. 대부분 종합병원에 취직하거나 개업하여 지역사회에 봉사하지. 요즘은 세분화된 분야를 익히기 위해 전임의 과정을 더 하는 경우가 많단다. 내과 전문의가 소화기내과의 전임의로, 위나 간 같은 특정 분야를 담당하는 식으로 말이야.

일자리를 구하기 힘들다고 하지만, 막상 회사에서는 인재를 구하기 힘들다고 해. 매년 3천 명 이상의 의사가 쏟아지지만, 어떤 분야의 전문가는 구하기 어렵단다. 단순한 전문의를 넘어 고도의 전문가가 되고자 하는 많은 젊은 의사들의 시간과 노력이 필요하겠지.

　사람들은 박사학위를 가장 높은 것으로 여기는데, 학위는 전문의와는 다른 거란다. 한 분야의 전문가면 충분한데, 의사들은 박사학위까지 따는 노력을 마다하지 않아. 물론 대학의 교수로 연구를 계속하려면 학위를 따는 것이 바람직해.

　의사가 되는 과정은 이처럼 길고 힘들지만 훌륭한 전문가가 되기 위해서는 이러한 의학공부 이외에도 다양한 인문학적 공부가 필요하단다.

※ 의학 용어 풀이는 **《의학용어 큰사전》**(지제근 엮음, 도서출판 아카데미아) 등을 참조하여 정리하였습니다.

의학 용어 알아보기

감염

미생물이 동물이나 식물에 들어가서 증식하는 상태. 이 경우 여러 가지 증상, 즉 질병을 일으키는 경우와 일으키지 않는 경우가 있다.

근시

가까운 데 있는 것은 잘 보아도 먼 곳을 선명하게 보지 못하는 시력장애. 오목렌즈로 교정한다.

디프테리아

독소를 생산하는 디프테리아균의 감염에 의해 발생하는 급성전염병으로, 주로 어린이에게 나타난다. 열이 나고 목이 아프며 심하면 호흡곤란, 신경마비, 사망할 수도 있지만, 이제는 예방접종으로 드문 질환이 되고 있다.

마마

천연두를 일컫는 말이다.

면역

신체를 외부의 물질로부터 보호하는 행위. 몸속에 들어온 병원미생물을 죽이거나 대항하는 항체를 만들어 중화시키며, 다음에 그 병에 걸리지 않도록 된 상태나 그런 작용을 말한다.

면역체계

외부 생물 또는 물질에 대해 보호(면역)기능을 제공하는 세포, 조직, 기관이나 분자 성분의 복합체이다.

방사선촬영(술)

엑스선이나 감마선에 필름을 노출시키거나 디지털신호로 바꾸어 물체 내부의 영상을 얻는 방법이다.

백일해

백일해균에 의해 경련을 일으키는 기침을 동반한 어린이의 급성 전염병. 겨울부터 봄에 걸쳐 유행하는 전염성이 강한 병으로, 자연 경과가 100일 가까이 되어 백일 기침이라는 의미의 백일해라 한다.

성장판

뼈끝연골이라고도 하며, 성장 과정에 있는 긴 뼈의 뼈끝과 이미 만들어진 뼈몸통끝 사이에 있는 얇은 연골판으로, 뼈가 자라 키가 크는 장소라는 의미이다.

세균배양검사

염증의 원인이 되는 균과 그 균에 잘 듣는 항생제를 확인하기 위해 인공적인 환경에서 기르는 검사이다.

소아마비

폴리오바이러스에 의해 신경계를 침범하여 운동마비를 일으키는 병으로, 소아(어린이)에서 많이 발생하였으나 백신에 의해 거의 사라졌다.

수액요법

수분이나 전해질, 영양분 등을 공급하기 위해 인공 용액을 환자에게 투여하여 치료하는 방법이다.

수혈

건강한 사람에게서 채취한 혈액을, 혈액이나 그 성분이 부족한 환자의 혈관 내에 주입하는 치료 방법. 수혈은 빈혈이나 피를 많이 흘린 환자의 생명을 살리기 위해 반드시 필요한 처치로, 적합한 혈액(형)인지 검사한 후에 이루어진다.

왕진

의사가 병의원 밖의 환자가 있는 곳으로 찾아가서 진찰하는 것.

유전자조작

유전자를 특수한 효소로 절단하거나 연결하여 새로운 산물을 얻어내는 기술. DNA를 조작하여 특정 단백질을 대량 생산하거나 농산물의 특성을 개량하는 데 사용한다.

장티푸스

살모넬라균에 의해 생기는 급성전염병. 감염된 음식이나 물을 통해 신체로 들어온 살모넬라균이 장벽을 뚫고 림프 조직 내에 증식하여, 높은 열을 동반하며 전신이 쇠약해지는 질환으로 법정전염병이다.

전자 의무 기록

의사가 종이 대신 컴퓨터에 직접 환자의 임상정보를 입력하면, 이를 데이터베이스화하여 새로운 정보로 가공·생성하는 의료정보시스템. 진료 기록, 간호 기록 등의 임상 자료뿐만 아니라, 인적 사항, 진료비 관련 사항, 동의서 등의 행정 자료를 포함한다. 환자가 받았던 진료와 지원 업무가 네트워크로 처리되므로 진료의 효율성이 높아진다.

중이염

가운데귀염이라고도 하며, 중이에 급성전염병, 감기, 폐렴, 고막 외상 따위로 생기는 염증으로, 급성과 만성이 있다. 사람의 귀는 외이, 중이, 내이로 구분하는데, 중이는 고막과 달팽이관 사이에 있는 공간을 말한다.

증식

세포가 그 수를 늘려 조직의 크기를 증가시키거나 분열되어 똑같은 것이 불어나는 것.

진단검사의학과

환자로부터 얻은 혈액, 소변, 체액 등을 이용하여 질병의 진단과 치료 및 예후 판정 등에 관련된 검사를 시행하고 해석하는 진료부서.

천연두

마마라고도 불리며, 두창바이러스에 의해 일어나는 급성법정전염병. 높은 열과 강한 전염력으로 많은 사망자를 냈으나, 제너가 백신을 개발한 이후 현재는 사라진 질병이다.

콜레라

콜레라균에 의한 급성감염증으로, 설사와 구토가 특징이다. 오염된 음식과 물에 의해 전염되며, 법정전염병이다.

탄저병

탄저균의 감염에 의해 일어나는 사람·가축 공통 전염병. 피부에 물집이 생기고, 검은 딱지가 앉기 때문에 탄저병(炭疽病)이라는 이름이 붙여졌다.

파상풍

파상풍균이 일으키는 급성전염병. 상처로 들어간 균이 증식하면서 그 독소로 인해 신경을 침범하여 전신에 경련을 일으킨다. 사망률이 높으며, 예방접종이 효과가 있다.

페스트

흑사병이라고도 하며, 페스트균에 의한 급성열성전염병. 현기증, 구토 등의 증상과 함께 의식도 흐려진다. 원래는 야생의 설치류인 다람쥐, 쥐 등의 돌림병이지만, 감염된 쥐의 벼룩 등을 통해 사람에게도 전염된다. 14세기 무렵 유럽에 대유행했으며, 풍토병으로도 존재한다. 사망률이 높고 전염력이 강하기 때문에 법정전염병인 동시에 검역전염병이다.

풍진

홍역과 비슷한 발진이 생기는 급성피부전염병의 하나로, 흔히 어린이들에게 많고 바이러스 감염으로 발생한다.

피검사

병을 진단하거나 확인하고 치료를 돕기 위한 검사 중 하나. 일상적인 혈액검사의 경우, 헤모글로빈 농도, 적혈구의 수, 백혈구의 종류와 수, 혈소판의 수 등을 시행한다.

피부병변

피부에 병이 원인이 되어 나타나는 변화.

호환

옛날 호랑이가 많던 시절, 호랑이에게 당하는 변고라는 뜻으로, 오늘날에는 있을 법하지 않은 단어이다.

홍역

홍역바이러스에 의한 급성감염증으로, 열이 나고 특유의 발진이 얼굴이나 귀 뒤에서부터 전신으로 퍼진다. 전염성이 강하며, 대부분 소아기에 걸린 후 평생 면역을 얻는다.

황열

아프리카 서부나 남아메리카에서 볼 수 있는 악성 전염병. 황열바이러스 환자나 병원체를 가지고 있는 원숭이나 주머니쥐의 피를 빨아먹는 모기 때문에 전염된다.

후천성면역결핍증(후군)

에이즈라고도 하며, 인간면역결핍바이러스에 의해 면역세포가 파괴되어 인체의 면역 능력이 뚜렷하게 떨어지면서 보통 사람에서는 볼 수 없는 각종 감염증이나 암이 발생하는 질환.

히포크라테스 선서

'의학의 아버지'라 불리는 고대 그리스의 의사 히포크라테스가 만든, 의료행위를 하는 사람들이 지켜야 하는 윤리적 지침.

〈히포크라테스 선서〉

이제 의업에 종사할 허락을 받으매 나의 생애를 인류봉사에 바칠 것을 엄숙히 서약하노라.
나의 은사에 대하여 존경과 감사를 드리겠노라.
나의 양심과 위엄으로서 의술을 베풀겠노라.
나의 환자의 건강과 생명을 첫째로 생각하겠노라.
나는 환자가 알려 준 모든 내정의 비밀을 지키겠노라.
나의 의업의 고귀한 전통과 명예를 유지하겠노라.
나는 동업자를 형제처럼 생각하겠노라.
나는 인종, 종교, 국적, 정당정파 또는 사회적 지위 여하를 초월하여 오직 환자에 대한 나의 의무를 지키겠노라.
나는 인간의 생명을 수태된 때부터 지상의 것으로 존중히 여기겠노라.
비록 위협을 당할지라도 나의 지식을 인도에 어긋나게 쓰지 않겠노라.
이상의 서약을 나의 자유의사로 나의 명예를 받들어 하노라.

글 양수범
선생님은 경희대학교 의과대학 의학과를 졸업하였습니다. 아주대학병원에서 진단검사의학과 전공의 과정을 마쳤고, 현재는 고려대학교 안산병원에서 진단검사의학과 임상조교수로 활동하고 있습니다. 본명은 양진혁입니다.

그림 구연산
경민대학에서 만화예술을 전공했으며 프리랜스 일러스트레이터로 활동하고 있습니다. 그린 책으로는 《한 권으로 읽는 교과서 우리 돈》《한 권으로 읽는 교과서 우리과학》《학교 가기 싫은 아이 가고 싶은 아이》《부자 마인드》 등이 있습니다.

의학상식을 키워주는 의학동화
병원에 간 명탐정 홈스

1판 1쇄 인쇄 | 2007. 4. 18.
1판 11쇄 발행 | 2020. 11. 1.

양수범 글 | 구연산 그림

발행처 김영사 | 발행인 고세규
등록번호 제 406-2003-036호 | 등록일자 1979. 5. 17.
주소 경기도 파주시 문발로 197(우10881)
전화 마케팅부 031-955-3100 | 편집부 031-955-3113~20 | 팩스 031-955-3111

ⓒ 2007 양수범
이 책의 저작권은 저자에게 있습니다.
저자와 출판사의 허락 없이 내용의 일부를 인용하거나 발췌하는 것을 금합니다.

값은 표지에 있습니다.
ISBN 978-89-349-2510-1 73510

좋은 독자가 좋은 책을 만듭니다. 김영사는 독자 여러분의 의견에 항상 귀 기울이고 있습니다.
전자우편 book@gimmyoung.com | 홈페이지 www.gimmyoungjr.com

어린이제품 안전특별법에 의한 표시사항
제품명 도서 제조년월일 2020년 11월 1일 제조사명 김영사 주소 10881 경기도 파주시 문발로 197
전화번호 031-955-3100 제조국명 대한민국 ⚠주의 책 모서리에 찍히거나 책장에 베이지 않게 조심하세요.